PLETHU

Plethu

Rhian Cadwaladr

Argraffiad cyntaf: 2020
ⓗ testun: Rhian Cadwaladr 2020

Rhif Llyfr Safonol Rhyngwladol:
978-1-84527-660-745-1

Cyhoeddwyd gyda chymorth Cyngor Llyfrau Cymru

Cynllun y clawr: Tanwen Haf / Olwen Fowler

Cyhoeddwyd gan Wasg Carreg Gwalch,
12 Iard yr Orsaf, Llanrwst, Dyffryn Conwy, Cymru LL26 0EH.
Ffôn: 01492 642031
e-bost: llyfrau@carreg-gwalch.cymru
lle ar y we: www.carreg-gwalch.cymru

Argraffwyd a chyhoeddwyd yng Nghymru

*Diolch i bawb yng Nghymru ac Iwerddon fu'n rhoi cyngor
wrth i mi wneud fy ngwaith ymchwil.*

*Diolch arbennig i Andrew am wrando
ac i Nia Roberts, Gwasg Carreg Gwalch am ei doethineb
a'i hamynedd di-ben-draw.*

Nofelau eraill gan Rhian Cadwaladr:
Fi sy'n cael y ci
Môr a Mynydd

Pennod 1

Rhosyreithin
Rhagfyr 23ain

'Moli! Ty'd o'r ffenast 'na wir, a helpa dy chwaer i osod y bwrdd!' gwaeddodd Elin o'r gegin. Roedd Moli, ei merch un ar ddeg oed, wedi bod yn syllu drwy ffenest yr ystafell ffrynt ers chwarter awr.

'Ond dwi isio'u gweld nhw'n cyrraedd!' atebodd honno, yn gyndyn o symud.

'I'r drws nesa ân nhw gynta beth bynnag,' brathodd Beca, ei chwaer hŷn. 'Hwda, rho'r rheina ar y bwrdd!' Taflodd becyn o *serviettes* ati gan ei tharo ar ochr ei phen.

'Awtsh!' gwaeddodd Moli gan daflu'r pecyn yn ôl at ei chwaer yn flin. 'Rho nhw dy hun!'

Daeth Elin drwodd o'r gegin yn cario plataid mawr o gig oer a'i osod ar un o'r ddau fwrdd oedd wedi eu cario i'r stafell fyw gan nad oedd lle i bawb fwyta yng nghegin fach y tŷ teras.

'Genod! Plis peidiwch â dechra,' erfyniodd. 'Dwi'm isio'ch clywed chi'n ffraeo heno. Mae'n dymor ewyllys da, cofiwch!'

Roedd y chwiorydd wedi bod yn ffrindiau agos ers y munud y daeth Elin adref o'r ysbyty yn cario Moli'n fabi yn ei breichiau, a'r chwaer fawr bedair oed yn gwirioni ar y chwaer fach, ond roedd deinameg eu perthynas wedi newid yn ddiweddar. Er bod Moli newydd ddechrau yn yr ysgol uwchradd roedd hi'n dal i fod yn ifanc ei ffordd, ac roedd Beca – oedd newydd ddathlu ei phen blwydd yn un ar bymtheg – yn ystyried ei hun yn oedolyn, uwchlaw diddordebau plentynnaidd ei chwaer. Doedd straen eu sefyllfa ddim yn helpu. Bu'n rhaid i'r ddwy rannu ystafell wely byth ers iddynt symud allan o'u cartref y mis Medi blaenorol. Doedd gadael Godre'r Foel, tŷ mawr cyfforddus gyda gardd eang a golygfa hyfryd, ddim wedi bod yn hawdd i Elin chwaith, ond gwyddai nad oedd ganddi ddewis. Roedd ei phriodas ag Elfed drosodd. Yn ddwfn yn ei chalon fe wyddai hynny ers dechrau'r haf pan gyrhaeddodd adref o'i gwaith a'i gael yn feddw dwll ... eto. Dianc wnaeth hi bryd hynny, dros y don i Iwerddon dros wyliau'r haf gan fynd â'i merched efo hi. Dianc i aros efo Rhys, ei ffrind bore oes, a'i feibion yn Knockfree, pentref bach yng nghanol swydd Wiclo. Ei bwriad oedd aros yno am ychydig ddyddiau – ond trodd hynny'n bum wythnos.

''Di Taid byth yn ôl?' gofynnodd Elin gan chwythu cudyn o wallt golau o'i llygaid yn ddiamynedd. Roedd Alun, ei thad, wedi picio i lawr i'r archfarchnad yn y dre ers dros awr i nôl potyn arall o hufen, gan fod Elin wedi gollwng y cyntaf ar hyd llawr y gegin yn ei brys i orffen gwneud treiffl.

'Taid 'di o 'de – mae o wastad yn stopio i siarad efo pawb yn y siop!' meddai Beca.

Gwenodd Elin. Roedd Beca'n bownd o fod yn iawn, a hithau'n ddeuddydd cyn y Dolig a'r siopau'n wirion o brysur.

'Dyma nhw!' gwaeddodd Moli o'r ffenest pan welodd gar yn aros o flaen y tŷ drws nesa. Dechreuodd guro'r ffenest a chwifio'n gyffrous.

'Ty'd o'na, Moli!' dwrdiodd Elin. 'Gad i'r hogia fynd at eu nain gynta – mi fydd hi ar binna isio'u gweld nhw. Mae'n ddigon ei bod hi wedi cytuno iddyn nhw gael dod yma am swpar heno.'

Doedd hi ddim am gyfaddef ei bod hithau hefyd ar binnau, er nad oedd am wneud dim i ypsetio Megan drws nesa. Roedd teuluoedd rhif 1 a 2 Tan yr Eithin wedi bod yn gymdogion ers cyn hired ag y medrai Elin gofio, a hithau a Rhys Drws Nesa wedi bod yn ffrindiau gorau ers pan oedd y ddau yn yr ysgol gynradd, er bod Rhys bedair blynedd yn hŷn na hi. Pan fu farw mam Elin bum mlynedd yn ôl, a gŵr Megan yn fuan wedyn, roedd Alun a Megan wedi bod yn gefn i'w gilydd. Feddyliodd Elin erioed y byddai hi'n ôl yn byw drws nesa i Megan chwaith, ond allai hi byth ddiolch digon i'w thad am adael iddi hi a'i dwy ferch symud i fyw ato.

'O'n i'n meddwl bod Anti Megan yn dod yma i gael bwyd efo ni hefyd?' gofynnodd Moli.

'Ydi, mae hi,' atebodd Elin, 'ond gad iddyn nhw fynd â'u petha i'r tŷ. Fyddan nhw yma mewn chwinciad. Ty'd rŵan, helpa dy chwaer i osod y bwrdd yn ddel.'

Daeth Moli o'r ffenest yn anfoddog a dychwelodd Elin i'r gegin i orffen paratoi'r bwyd. Plygodd i lawr i dynnu sosej rôls o'r popty isel, a bu bron iddi neidio allan o'i chroen pan deimlodd freichiau cryfion yn cau am ei chanol.

'Rhys!' meddai'n syn pan drodd rownd i'w wynebu, ond cyn iddi gael yngan yr un gair arall cusanodd Rhys hi'n angerddol. Ildiodd Elin am eiliad neu ddwy cyn tynnu ei hun yn rhydd o'i freichiau ac amneidio arno i fod yn ddistaw wrth ei lusgo i mewn i'r cwpwrdd dal cotiau wrth ymyl y drws cefn yr oedd o newydd lwyddo i sleifio drwyddo.

Yng nghanol y cotiau a'r welintons cofleidiodd y ddau a rhannu cusan hir a dwfn, gan wneud i Elin deimlo fel petai unwaith eto yn ei harddegau.

'Fedra i'm deud wrthat ti gymaint dwi wedi hiraethu amdanat ti,' sibrydodd Rhys ymhen sbel, gan gladdu ei wyneb yn ei gwallt.

'A finna chditha, ond be ti'n da yn fama rŵan?'

'Ro'n i'n methu aros i dy weld di. Ma' Mam yn meddwl 'mod i'n nôl glo o'r cwt.'

'Ti'm yn gall!' chwarddodd Elin, gan wrthio'r tocyn o gyrls brown golau oedd yn cuddio un o'i lygaid gleision i un ochr. 'Well i ti fynd yn ôl cyn i dy fam ddod i chwilio amdanat ti!'

Dechreuodd Elin ei wthio o'r cwpwrdd wysg ei gefn ac agor y drws cefn iddo'n ddistaw. 'Shhhh,' meddai, wrth ei weld yn agor ei geg i siarad. 'Wela i di mewn ryw chwarter awr,' sibrydodd ar ôl tynnu ei hun ymaith o gusan arall, a chau'r drws ar ei ôl. Pwysodd ei chefn yn erbyn y drws a gwenu fel giât, gan deimlo'r pili pala bach yn dawnsio disgo yn ei stumog.

Dros y pum wythnos a dreuliodd yn Iwerddon roedd cyfeillgarwch y ddau hen ffrind wedi troi'n gariad – cariad a fu'n mudferwi ers dyddiau eu hieuenctid er nad oedden nhw, cyn hynny, yn ymwybodol o deimladau ei gilydd. Gan fod Rhys yn ŵr gweddw yn dilyn y ddamwain car lle lladdwyd ei wraig, Roisin, ddwy flynedd ynghynt roedd o'n rhydd i ddechrau perthynas newydd, ond gan fod Elin yn dal yn briod ag Elfed roedd yn rhaid iddyn nhw fodloni ar berthynas gudd. Ar ddiwedd yr haf roedd Rhys am ddatgan eu cariad i'r byd, ac yn awyddus i Elin a'i merched aros yn Iwerddon; wedi'r cyfan, roedd y tair wrth eu boddau yno, yn helpu i redeg canolfan feicio An Teach Ban – y busnes roedd Rhys wedi'i sefydlu gyda Liam, ei fab hynaf, a'i frawd-yng-nghyfraith, Kevin – a Roisin's Bunkhouse, byncws bach roedd Elin a'r genod wedi helpu i'w orffen a'i agor. Ond roedd Elin am bwyllo. Er ei bod wedi penderfynu na fyddai'n mynd yn ôl at Elfed, er gwaetha'r ffaith iddo o'r diwedd gydnabod ei ddibyniaeth ar alcohol a mynd i weld cwnselydd, ac er iddo addo na fyddai byth yn yfed eto (a chadw at ei air, hyd yn hyn), doedd hi ddim am i neb wybod am ei pherthynas hi â Rhys. Er hynny, roedd hi'n anodd cuddio'i hapusrwydd o'i weld a'i gyffwrdd a'i gusanu unwaith eto.

Daeth Beca i mewn i'r gegin, ac edrych yn amheus ar ei mam.

'Pam ti'n gwenu'n wirion?'

'Dim byd, jest meddwl am rwbath.'

'Meddwl am be?'

'Dim byd ... rwbath doniol.'

Trodd Elin at ei sosej rôls i osgoi edrych ar ei merch.

'Pa beth doniol?' Doedd Beca ddim am ildio.

'Dim byd,' atebodd Elin, yn methu meddwl am unrhyw esgus da.

'Ond mae'n *rhaid* bod o'n rwbath. 'Di "dim byd" ddim yn ddoniol.'

Ceisiodd Elin newid y pwnc. 'Rho'r sosej rôls 'ma ar blât,' gorchmynnodd.

'Ar ôl i chdi ddeud be oedd y jôc!'

Wrth ystyried faint o niwsans y gallai plant fod, ceisiodd

Elin feddwl. 'Be ti'n gael pan ti'n croesi Siôn Corn efo chwadan?' gofynnodd o'r diwedd. Syllodd Beca arni'n syn. 'Christmas Quackers!' datganodd Elin, a dechrau chwerthin dros y lle ar ei jôc sâl ei hun.

Edrychodd Beca ar ei mam fel petai'n hanner call cyn troi ar ei sawdl a mynd yn ôl i'r ystafell ffrynt.

'Hei! Y sosej rôls!' gwaeddodd Elin ar ei hôl.

''Ma fo Taid!' gwaeddodd Moli, oedd yn ôl yn y ffenest ffrynt. 'OMB! Sbiwch be sy ganddo fo! Mam, ty'd i weld!'

Rhuthrodd Elin at Moli a Beca, oedd yn chwerthin yn y ffenest. Y tu allan, roedd ei thad yn smalio reidio balŵn siâp carw, oedd bron gymaint â charw go iawn, i fyny'r llwybr at y tŷ.

'Be ddiawch ...?'

Rhedodd Moli i agor y drws ffrynt iddo. 'Taid! Lle gafoch chi hwnna?' chwarddodd, gan gofleidio'r carw.

'Picio heibio Jingliarins nes i, a phan ddeudodd Jên ei bod hi'n cau'r siop heddiw tan y flwyddyn newydd, dyma fi'n gofyn be oedd hi am wneud efo'r balŵn 'ma. Mi fysa'n bechod i neb fedru 'i weld o dros y Dolig, felly dyma hi'n deud y byswn i'n 'i gael o.'

Edrychodd Elin ar y carw, a oedd yn ymddangos yn fwy byth yn ystafell ffrynt fechan y tŷ. 'Ond lle 'dan ni'n mynd i'w roi o?' gofynnodd. 'Mae honna'n llenwi'r gornel acw i gyd,' ychwanegodd, gan gyfeirio at goeden Nadolig oedd bron â chyffwrdd y to. Hon oedd y gyntaf i'w thad brynu ers i'w mam farw.

'Geith o ddod i'n llofft ni,' ebychodd Moli.

'Na cheith wir!' protestiodd Beca. 'Does 'na'm digon o lc iddo fo yn fanno!'

Sylwodd Elin fod gwên ei thad wedi diflannu a'i fod yn edrych braidd yn siomedig o weld ei hymateb i'w anrheg.

'Wn i. Rown ni o yn y ffenest ar y landin, lle gall pawb yn y stryd ei weld o!'

Dychwelodd gwên Alun.

'Syniad da, Mam,' cytunodd Moli. 'A' i â fo i fyny ar ôl i mi ei ddangos o i'r hogia.'

'Ro'n i'n gweld eu bod nhw wedi cyrraedd,' meddai Alun. 'Ydach chi wedi'u gweld nhw?'

'Ddim eto,' atebodd Moli. Trodd Elin i ffwrdd heb ateb gan nad oedd dweud celwydd yn dod yn hawdd iddi.

Eisteddodd Elin wrth y bwrdd. Roedd yr ystafell yn edrych yn llai fyth a naw o bobl wedi eu gwasgu o amgylch y ddau fwrdd, a'r lle yn llawn sŵn a bwrlwm. Ond nid felly oedd hi pan ddaeth Rhys a'i feibion drwy'r drws – trodd cyffro Moli'n swildod wrth iddi hi a'r efeilliaid – Dewi a Pádraig, oedd flwyddyn yn hŷn na hi, sefyll yn edrych yn chwithig ar ei gilydd ar ôl bwlch o rai misoedd ar wahân. Teimlai Rhys ac Elin yr un mor chwithig wrth geisio cuddio'r ffaith eu bod eisoes wedi cyfarfod yn y gegin. Roedd Beca a Liam, mab hynaf pedair ar bymtheg oed Rhys, fodd bynnag, wedi llithro'n ôl i mewn i'w cyfeillgarwch rhwydd yn syth.

Anghofiwyd am unrhyw chwithdod pan gariodd Alun y balŵn carw i mewn i'r stafell ffrynt. Un da oedd ei thad am wneud i bawb deimlo'n gartrefol, meddyliodd Elin wrth edrych o gwmpas y bwrdd ar y ddau deulu. Roedd Dewi a Pádraig yn dal am eu hoed ac wedi tyfu fymryn yn dalach ers iddi eu gweld ddiwethaf yn ôl ym mis Hydref. Gyda'u croen golau a'u gwalltiau cyrliog, coch roedden nhw'n ei hatgoffa o'r brodyr Weasley yn y ffilmiau *Harry Potter*. Roedd Liam wedi llwyddo i dyfu locsyn a wnâi iddo edrych yn debycach fyth i'w dad – roedd gan y ddau lygaid gleision, treiddgar a gwefusau llawn – a sylwodd Elin fod y llanc yn rhoi ei holl sylw i Beca wrth ei ochr, fel yr oedd sylw'i dad wedi'i hoelio ar Megan, oedd yn edrych yn hynod hapus o gael ei theulu adref. Roedd Moli yn y canol rhwng Dewi a Pádraig yn chwerthin wrth wrando ar Alun yn mynd drwy'i bethau. Gwenodd Elin, gan deimlo'r cwlwm oedd yn ei stumog bron yn barhaol yn ddiweddar yn dechrau llacio.

Fel arfer, byddai Elin wedi mynnu bod ei merched yn helpu i glirio a golchi'r llestri, fel y byddai Rhys efo'i feibion yntau, ond gan fod y ddau'n ysu i dreulio amser efo'i gilydd cyhoeddodd Elin y byddai hi a Rhys yn gyfrifol am glirio ar ôl bwyd, ar yr amod bod y hogiau'n helpu i gario'r byrddau yn ôl i'w llefydd. Daeth Alun ar ei hôl i'r gegin. 'Ti'n siŵr na cha i helpu, Elin bach?' gofynnodd. 'Mae 'na fynydd o lestri.'

'Ydw, siŵr. Gewch chi gadw trefn ar y trŵps. Mae Moli wedi cael gêm bingo Dolig, ac mae hi'n awyddus i'w chwarae efo pawb.'

'Iawn, bòs!' meddai, gan wincio i gyfeiriad Rhys cyn dychwelyd at y twrw yn y stafell ffrynt.

Am unwaith, roedd Elin yn falch nad oedd gan ei thad beiriant golchi llestri oherwydd câi fwy o amser ar ei phen ei hun efo Rhys. Wedi iddi wneud yn siŵr bod y drws wedi cau ar ôl ei thad, gafaelodd yn dynn amdano i fwynhau cusan slei arall. Yn sydyn, tynnodd ei hun o'i freichiau a throi at y sinc.

'Mae 'na rywun yn dŵad!'

'Nagoes ddim!' meddai Rhys. 'Paid â bod mor nerfus a ty'd yma.'

'Dwi'm isio i neb ein gweld ni,' eglurodd hithau, gan ddechrau rhedeg y dŵr poeth i mewn i'r sinc.

'Ond pam, Elsi bach?' gofynnodd Rhys, gan ddefnyddio'r llysenw a roddodd iddi pan oedden nhw'n blant.

'Dwi 'di deud wrthat ti o'r blaen – dwi ddim isio i Elfed gael unrhyw reswm i feddwl bod ein perthynas ni wedi cychwyn cyn iddo fo a finna wahanu. Mae o 'di cymryd y peth yn ddrwg fel mae hi. Fasa fo 'mond yn dy feio di wedyn, yn lle derbyn bod y briodas ymhell y tu hwnt i'w harbed cyn i mi roi blaen fy nhroed ar dir 'Werddon.' Dechreuodd Elin olchi'r llestri.

'Ond mae 'na dri mis ers i ti ei adael o,' ochneidiodd Rhys.

'A dim ond unwaith, dros wyliau hanner tymor, dwi wedi dy weld di ers hynny! Tydi o ddim yn stiwpid, a buan iawn y basa fo'n gweithio allan nad ydi ffrindia'n troi'n gariadon mewn wythnos!' esboniodd Elin.

'Be am ddeud ar ôl Dolig 'ta? Dechra'r flwyddyn? Mae 'na lot o garwriaethau'n cychwyn yn ystod tymor y Dolig,' cynigiodd Rhys. 'Dwi jest isio bod efo chdi. Fedra i'm disgwyl i dy gael di'n ôl yn An Teach Ban – chdi a'r genod – ac mae'r hogia'n eich colli chi hefyd, 'sti.'

Edrychodd Elin arno. Gwyddai o glywed y crac yn ei lais ei fod o'n ei charu, ac roedd ei chalon hithau'n llawn o gariad tuag ato yntau, ond roedd o'n cymryd llawer o bethau'n ganiataol – ei bod hi am symud ato fo i Iwerddon yn un peth. Roedd gadael Cymru yn gam mor fawr. Gadael ei thad ac yntau'n mynd i oed, gadael ei ffrindiau, gadael y pentref y bu hi'n byw ynddo ar hyd ei hoes. Ar y llaw arall, doedd gadael ei gwaith yn gymhorthydd mewn ysgol gynradd yn poeni dim arni – gwyddai y byddai'n cael llawer mwy o bleser yn rhedeg y byncws yn Knockfree. Ond ei phoen mwyaf oedd Beca a Moli, a'u hymateb nhw. Roedd yn ddigon anodd eu gwylio'n ceisio ymdopi â thor-priodas eu rhieni. Er bod Beca wedi rhag-weld y gwahanu a'i dderbyn yn ddi-lol, roedd yn sioc enfawr i Moli. Aeth i'w chragen am rai wythnosau wrth orfod delio â'r ysgytwad teuluol a dechrau yn yr ysgol uwchradd ar yr un pryd, a dim ond dechrau dod ati'i hun roedd yr hen Moli fywiog, hapus. Gwyddai Elin ei bod yn dal i lynu at y gobaith y byddai ei rhieni'n cymodi, er iddi geisio'i darbwyllo na fyddai hynny'n digwydd. Wyddai hi ddim sut i ddechrau sôn wrthyn nhw am symud i Iwerddon i fyw. A fyddai hynny'n gyrru Moli yn syth yn ôl i'w chragen? A beth petaen nhw'n gwrthod symud? Beth wnâi hi wedyn?

'Gawn ni weld, ia?' meddai, gan roi lliain sychu llestri yn nwylo Rhys. 'Rŵan gafael ynddi hi efo'r llestri 'ma i ni gael ymuno yn y bingo. Na, erbyn meddwl, cymera dy amser *rhag* i ni orfod ymuno yn y bingo!'

'*House!*' Chwifiodd Megan ei cherdyn yn yr awyr yn gyffrous, ei bochau'n goch gan effaith gwres yr ystafell a'r sieri bach roedd hi newydd ei yfed. '*House!*'

'*House*?' meddai Dewi yn ei acen Wyddelig felodig. 'Be dach chi'n fwydro?'

'Dwi 'di 'u cael nhw i gyd! Dwi 'di ennill,' atebodd ei nain.

'O, Nain, "Bingo" dach chi i fod i'w weiddi, nid *House*,' eglurodd Pádraig.

Chwarddodd Alun, oedd wedi ei wasgu rhwng Megan a Beca ar y soffa fechan.

Eisteddai Rhys yn un gadair freichiau ac Elin yn y llall tra oedd pawb arall ar y llawr.

'Mae'ch nain yn iawn. *House*, talfyriad o *full house*, mae pobol yn 'i ddeud. Mi wyt ti wedi arfer chwarae Bingo, yn do Megan?'

'Do, ond dim fel hyn, chwaith,' atebodd yr hen wraig.

''Dio'm yn cyfri os nad ydach chi'n gweiddi Bingo!' mynnodd Dewi.

'Dewi!' ceryddodd ei dad. 'Paid â bod yn gollwr gwael.'

'Dowch â'ch cerdyn yma i mi gael ei jecio fo,' gorchmynnodd Pádraig.

'Cymera sieri bach arall, Megan,' meddai Alun, gan godi ac estyn am wydryn Megan.

'Www, na, dwi'n iawn am rŵan diolch,' dywedodd Megan, ac eisteddodd Alun yn ei ôl.

'Mam, ga *i* sieri, plis?' gofynnodd Beca. 'Dwi'n un deg chwech rŵan a ti'n cael yfad alcohol adra yn un deg chwech,' ychwanegodd wrth weld wyneb syn ei mam.

Oedodd Elin cyn ateb. Roedd alcohol yn bwnc llosg o ystyried problem Elfed, a doedd hi ddim am annog ei merch i yfed. Ar y llaw arall doedd hi ddim mor ddinwed i gredu na fyddai Beca'n yfed y tu ôl i gefn ei mam ymhell cyn cyrraedd yr oed cyfreithlon. Felly cytunodd yn betrusgar, gan obeithio na fyddai sieri at ei dant. Cododd Beca yn syth ac anelu am y cwpwrdd cornel lle roedd Alun yn cadw'i wydrau crisial a'i boteli gwirod.

'Cofia mai un o'r gwydrau bach, bach 'na ti angen – mae sieri yn lot cryfach na gwin.'

'Mae hwn yn rong, Nain!' galwodd Pádraig, oedd wedi gwirio cerdyn Bingo Megan. 'Dach chi ddim wedi eu cael nhw i gyd. Tydi *candy cane* ddim wedi bod ond dach chi wedi ei farcio fo.'

'*Candy cane*? Pa *candy cane*? Ty'd â fo yma!' Estynnodd Megan ei llaw at ei hŵyr a rhoddodd Pádraig y cerdyn iddi. 'Hwnna!' meddai, a dangos y llun iddi.

Craffodd Megan ar y cerdyn. 'Hosan 'di honna! Hosan Dolig!'

'Naci siŵr,' taerodd Pádraig. '*Hon* 'di'r hosan.' Dangosodd lun arall iddi.

'Dach chi 'di meddwi ar ôl y sieri 'na, Nain!' gwenodd Dewi arni.

'Nac'dw i wir!' wfftiodd Megan. 'Ond falla 'mod i angen llnau fy sbectol!'

Chwarddodd pawb. Daliodd Elin lygaid Rhys a gwenu arno, yn hapus o weld y ddau deulu'n cyd-dynnu cystal, cyn neidio pan glywodd sŵn cras cloch y drws ffrynt.

Dechreuodd Alun straffaglio i godi o'i gadair. 'Pwy sy 'na 'radag yma o'r nos?' gofynnodd. 'Ma' hi'n rhy hwyr i'r genod bach dros y ffordd fod yn canu carolau, ac maen nhw 'di bod o gwmpas ddwywaith yr wsnos yma'n barod.'

'Mi a' i, Taid,' meddai Beca gan godi. 'Rhoswch chi yn fanna.'

Clustfeiniodd Elin i geisio clywed pwy oedd wrth y drws, a throdd ei stumog pan glywodd lais Beca yn galw 'Dad!'

Pennod 2

'Ma' Dad yma!' cyhoeddodd Beca wrth ddod yn ôl i'r stafell ffrynt. Yn cerdded y tu ôl iddi, yn ceisio edrych yn ddi-hid ond ddim cweit yn llwyddo, roedd Elfed. Gwisgai ei siwmper orau, edrychai fel petai newydd eillio, ac roedd pob blewyn o'i wallt trwchus tywyll yn ei le. Be ddiawl oedd o isio, dyfalodd Elin yn flin.

'Ew, mae gynnoch chi lond tŷ yma!' sylwodd Elfed gan wenu ar yr holl wynebau oedd wedi troi i'w gyfeiriad. 'Sori i darfu arnoch chi ... Rhys, hogia, sut ma'i?'

Cyn iddyn nhw fedru ateb, neidiodd Moli i freichiau ei thad. 'Dad! 'Dan ni'n chwarae Bingo Dolig. Ti isio gêm?'

Cododd Elin o'i chadair a chamu dros y bechgyn er mwyn cyrraedd Elfed. 'Dwi'n siŵr fod dy dad yn brysur,' meddai, wrth afael ym mraich ei gŵr a'i arwain o'r ystafell. 'Isio gair wyt ti?' gofynnodd, gan gau'r drws y tu ôl iddi a gostwng ei llais. 'Be ti isio, Elfed? Be ti'n da yma?'

'Mae dy dad wedi deud bod croeso i mi alw yma unrhyw bryd lecia i,' atebodd ei gŵr yn amddiffynnol.

'Cyn i ni symud yma oedd hynny, 'de! Dwi'm yn meddwl ei fod o'n syniad da i ti jest landio yma. 'Dan ni wedi gwneud ein trefniada, yn do – os wyt ti angen eu trafod nhw, ffonia neu decstia. A ti'n gwybod y cei di gysylltu efo'r genod unrhyw bryd.'

Roedd gwên Elfed wedi diflannu. '*Ti* wedi gwneud trefniada, ti'n feddwl. A diolch yn fawr am ddeud y ca' i gysylltu efo fy mhlant fy hun!'

'Paid â dechra, plis, Elfed. Mi wnaethon ni'n dau gytuno, felly be ti'n da yma?' gofynnodd eto.

Ochneidiodd Elfed. 'Dim ond isio gofyn gaiff y genod ddod draw chydig yn gynt fory. Dwi 'di tynnu'r addurniadau Dolig o'r atig a meddwl y bysan nhw'n licio addurno ... dwi'm yn gwybod lle i ddechra.'

Craffodd Elin arno, gan chwilio yn ôl ei harfer am unrhyw arwydd ei fod wedi bod yn yfed. Sylwodd ei fod wedi methu patshyn o dan ei drwyn wrth eillio, ac roedd ei siwmper yn edrych yn rhy fawr iddo. Gallai arogli'r afftyrshêf Armani y rhoddodd hi'n anrheg iddo y Dolig cynt arno, ond doedd dim tystiolaeth ei fod wedi bod yn yfed. Chwalodd ton o euogrwydd drosti, nid am y tro cyntaf, a trodd ei dicter yn drueni drosto.

'Plis,' ymbiliodd Elfed.

'Ti braidd yn hwyr yn addurno a hitha'n noswyl Dolig fory,' meddai Elin, a difaru ei geiriau'n syth. Allai cyfnod y Nadolig eleni ddim bod yn hawdd iddo. Ond doedd byw efo fo a'i yfed a'i ymddygiad hunanol ddim wedi bod yn hawdd iddi hithau chwaith, rhesymodd y llais bach yng nghefn ei phen. Cofiodd am y Nadolig cynt, a sut y bu iddi orfod ei berswadio i fynd i'r gwely ganol y pnawn am ei fod wedi dechra gweiddi a rhefru ar y frenhines yn ystod ei haraith ar y teledu, er mawr digrifwch i'r genod nad oedden nhw wedi sylwi mai effaith y *Buck's fizz* i frecwast, y sieri ganol y bore a'r gwin efo'r cinio oedd yn gyfrifol am ei ymddygiad rhyfedd. Ond gwyddai fod ei thad, oedd yn treulio'r diwrnod efo nhw, wedi sylwi, ac roedd hynny wedi codi cywilydd ar Elin. Daeth Beca i sylweddoli'r gwir wedyn, ar ôl gweld mai dyna oedd diwedd diwrnod Dolig Elfed, gan na wnaeth ymddangosiad arall tan y diwrnod canlynol.

'Sori,' meddai wrtho. 'Ond mae ganddon ni gynllunia. Mae Moli'n mynd i weld pantomeim efo'r efeilliaid, a Beca'n mynd â Liam i gyfarfod ei ffrindia.' Edrychai Elfed yn siomedig. 'Ond tocynna pnawn ydyn nhw, felly mi fydd y ddwy efo chdi mewn da bryd i gael swper,' ychwanegodd Elin.

Y cytundeb oedd i'r genod gael swper noswyl Nadolig efo'u tad cyn dychwelyd at eu mam i gysgu; cinio Dolig efo'u mam a'u taid, a chwpwl o oriau yn y prynhawn efo Elfed cyn mynd yn ôl i dŷ Alun. Roedd Elin wedi gwahodd Rhys, Megan a'r hogia i ddod atynt gyda'r nos. Roedd y ffaith ei bod hi ac Elfed yn byw yn yr un pentref yn gwneud pethau'n hawdd yn yr ystyr nad oedd yn rhaid treulio amser yn danfon a nôl y genod. Roedd Beca a Moli'n gwybod y byddai eu tad wastad yn eu croesawu i'r tŷ yr oeddan nhw yn dal i alw'n 'adra', ond roedd Elin wedi ceisio rhoi trefn ar yr ymweliadau hynny a ffurfioli'r trefniadau – nid yn unig am ei bod yn hoff o drefn ond oherwydd ei hofn y bydden nhw'n cyrraedd yno'n annisgwyl a'i weld yn feddw.

'O, ocê 'ta,' meddai Elfed yn siomedig. 'Wela i nhw am hanner awr wedi pump felly.'

'Chwech. Chwech ddudson ni,' mynnodd Elin.

'Ga i ddeud ta-ta wrthyn nhw, o leia?'

Roedd Elin yn sefyll rhyngddo a'r drws i'r stafell ffrynt a'i greddf oedd dweud wrtho am fynd, ond ailfeddyliodd. Camodd o'r neilltu i adael iddo ei phasio.

'Hwyl i chi rŵan 'ta, bawb!' galwodd Elfed mewn llais hwyliog. Roedd ei osgo hefyd wedi newid. Roedd yn rêl alcoholic, meddyliodd Elin, yn dda am guddio pethau.

'Ta-ra,' atebodd Beca oedd yn eistedd ar y llawr, yn pwyso yn erbyn coesau hirion Liam. 'Wela i di fory.'

Cododd Moli a mynd ato. 'Ti'm isio aros i gael gêm, Dad?' gofynnodd. ''Dan ni am chwarae Trivial Pursuit rŵan ... ti'n dda yn hwnna, dwyt? Gei di fod yn fy nhîm i.'

Gwenodd Elfed arni. 'Na, 'sa'n well i mi fynd, 'sti,' meddai.

Trodd Moli at Alun. 'Geith o aros, yn ceith, Taid?'

'Wel ceith ...' dechreuodd hwnnw ateb, ond torrodd Elin ar ei draws.

'Rhaid iddo fo fynd, yn rhaid, Elfed?' Edrychodd i fyw ei lygaid.

Syllodd Elfed yn ôl arni am eiliad cyn troi at Moli. 'Wel does 'na ddim byd yn galw, a deud y gwir.'

Y bastad, meddyliodd Elin. Roedd o'n tynnu'n groes yn fwriadol er mwyn gwneud iddi deimlo'n annifyr. Tarodd olwg i gyfeiriad Rhys a gweld ei fod yn astudio cerdyn rheolau'r gêm Trivial Pursuit ychydig yn rhy fanwl.

'Ty'd i ista ar y soffa at Anti Megan,' gorchmynnodd Moli,

gan dynnu ar law ei thad. Symudodd Megan i gornel y soffa i wneud lle iddo.

Methodd Elin yn lân ag ymlacio am weddill y noson wrth iddi wylio Elfed yn ceisio ymddwyn fel petai'r sefyllfa yn un hollol normal. Roedd pawb arall, heblaw Moli a'r efeilliaid, yn amlwg yn teimlo'n annifyr. Sylwodd Elin fod gwydryn sieri Beca wedi diflannu a bod Alun hefyd wedi cuddio'i wisgi. Ar ôl awr o fod ar bigau'r drain, roedd hi'n hynod falch pan orffennodd y gêm a phan gyhoeddodd Elfed y basa'n well iddo fynd. Wedi iddi gau y drws ar ei ôl rhoddodd ei chefn yn ei erbyn a rhoi ochenaid o ryddhad cyn dychwelyd at y lleill.

'Reit, pwy sy isio siocled poeth cyn clwydo 'ta?'

Saethodd dwylo'r plant i fyny. 'Efo *marshmallows* ynddo fo plis,' meddai Moli, 'a hufen!'

'Panad 'sa'n dda, yntê Megan?' meddai Alun.

'Mi fasa panad o de yn lyfli,' cytunodd ei gymdoges.

'Ac mi gymera inna banad o goffi, a rhoi hwn yn ei lygad o,' meddai Alun gan estyn am y gwydraid wisgi roedd o wedi'i wthio o dan y soffa. 'Wyt ti isio help, Elin?'

'Na, steddwch chi,' atebodd ei ferch gan amneidio ar Rhys i ddod i'w helpu. 'Sori, Rhys,' ymddiheurodd pan oedd y ddau yn saff y tu ôl i ddrws y gegin. 'Dwn i'm be oedd ar ben Elfed yn dod yma yn y lle cynta, heb sôn am aros.'

'Dach chi dal yn dipyn o ffrindia, 'lly?' gofynnodd Rhys.

'Nac'dan! Dim digon iddo fo feddwl ei bod hi'n iawn iddo fo dreulio gyda'r nos efo ni fel petai dim byd wedi digwydd, beth bynnag! Dwn i ddim pa gêm mae o'n trio'i chwarae.'

Closiodd Elin ato a mentro pwyso'i phen ar ei ysgwydd. Rhoddodd Rhys ei freichiau amdani.

'Dwi'n siŵr na fasa fo wedi dod yma 'tasa fo'n gwybod amdanon ni,' meddai.

'Naf'sa, debyg,' cytunodd Elin.

'Cynta'n y byd y ceith o wybod, gorau'n y byd felly, yntê.'

Ochneidiodd Elin gan gydnabod bod ganddi ofn dweud

wrtho, gan na fyddai'n debygol o dderbyn y newyddion yn dda. Rhyddhaodd ei hun o freichiau Rhys.

'Ty'd, mi wna i y siocled poeth a gwna ditha'r paneidiau.'

Cododd Elin yn gynnar y bore canlynol – a hithau'n noswyl Nadolig roedd ganddi lawer i'w wneud. Ers iddi briodi roedd hi wedi mwynhau'r bwrlwm o gwmpas yr Ŵyl: prynu anrhegion ar ôl ystyried yn ddwys beth fyddai'n addas i bawb, a'u lapio'n chwaethus. Gwneud y gacen Dolig a'i haddurno efo help y genod. Cynllunio'r prydau bwyd a'u coginio, ac yn enwedig y cyffro yn yr aer wrth i'r diwrnod mawr nesáu. Ond diflannodd y mwynhad hwnnw dros y blynyddoedd diweddar wrth i berthynas Elfed ag alcohol newid. Roedd o'n yfwr cymdeithasol ers dyddiau coleg, ond pan gollodd ei ffrind gorau i hunanladdiad daeth y ddiod yn ffrind iddo, yn gysur ac yn help i anghofio. O fewn ychydig fisoedd dechreuodd y ffrind newydd hwnnw ei reoli a'i arwain i ddweud celwydd, i wadu bod ganddo broblem, i guddio poteli a'i wneud yn gwbwl ddibynnol arno. Gwnaeth Elin ei gorau glas i geisio deall a'i helpu, ond gwadu a gwrthod pob cynnig wnaeth Elfed. Erbyn iddo sylweddoli beth oedd ganddo i'w golli roedd hi'n rhy hwyr, a chalon Elin wedi'i rhoi i ddyn arall.

Gwyddai Elin mai hwn fyddai'r Dolig anoddaf iddi ers marwolaeth ei mam. Roedd arian yn brin, ac Elfed yn honni na allai fforddio talu dim iddi tuag at gadw'r genod gan ei fod yn talu morgais ar y tŷ. Gan fod y tŷ yn enwau'r ddau ohonyn nhw roedd yr ateb yn syml ym marn Elin – gwerthu'r tŷ a rhannu'r elw fyddai'r peth callaf, a byddai'n rhaid i Elfed brynu tŷ llai iddo'i hun. A hithau? Wel, roedd wedi cael cynnig cartref mawr cyfforddus yn An Teach Ban yn Knockfree, a hynny efo'r dyn roedd hi'n ei garu â'i holl enaid, ond roedd y syniad o symud yno yn gwneud iddi deimlo'n wan.

Clywodd sŵn traed yn dod i lawr y grisiau a rhuthrodd i guddio anrheg ei thad yr oedd wrthi'n ei lapio. Roedd hi'n anodd cuddio popeth mewn tŷ mor fach.

'Methu cysgu, Elin bach?' gofynnodd Alun.

'Lot i'w wneud!'

'Fedra i wneud rwbath i helpu?'

Doedd neb yn y byd yn ei helpu yn fwy na'i thad. Gwenodd yn ddiolchgar arno. 'Diolch, Dad ond mi ydach chi'n gwneud mwy na digon fel mae hi,' atebodd.

'Twt, i be dwi'n da os na fedra i helpu 'nheulu! Be 'di dy gynllunia di heddiw 'ta?'

'Dwi'n trio gwneud cymaint ag y medra i bora 'ma cyn mynd â Moli a'r efeilliaid i weld y pantomeim ar ôl cinio.'

'Fasat ti'n lecio i mi fynd â nhw?'

Ystyriodd Elin am eiliad cyn ateb. ''Sach chi'n meindio? Mi fasa'n fy rhyddhau i i neud y stwffin a'r pwdinau ... ac ella ca' i fynd i 'ngwely'n gynt!' A byddai'n rhoi cyfle iddi geisio dwyn ychydig o amser efo Rhys, meddyliodd, petai hwnnw'n llwyddo i ddarganfod esgus i adael ei fam.

'Dim problem o gwbwl. Dwi ddim 'di gweld pantomeim ers blynyddoedd! Oes 'na docynnau ar ôl, dŵad? Ella basa Megan yn licio dod efo ni.'

'Oes, dwi'n siŵr – mi a' i ar y we i chwilio,' atebodd Elin yn awyddus.

'Dos di i sbio 'ta, ac os oes 'na un ty'd â fo. Mi fasa hi wrth ei bodd.'

Estynnodd Elin am ei ffôn.

'Mi fydd Rhys â'i draed yn rhydd hefyd wedyn ...' ychwanegodd Alun gan wenu ar ei ferch.

Roedd o wedi gweld drwyddi'n syth! Y fo oedd yr unig un a wyddai am ei pherthynas â Rhys – roedd o wedi bod yn ddigon craff i sylwi pan ddaeth o drosodd i dreulio chydig ddyddiau efo nhw yn Iwerddon dros yr haf. Rhoddodd Elin gusan ar ei foch. 'Alun Hughes, 'dach chi werth y byd yn grwn.'

Doedd Elin ddim wedi sleifio cariad fyny i'w llofft ers pan oedd hi'n ddeunaw oed ac yn canlyn Gwil, ei chariad cyntaf. Wrth afael yn llaw Rhys a'i arwain i fyny grisiau culion cartref ei magwraeth roedd hi'n ôl yn ei harddegau, a dringodd y grisiau mor dawel ag y medrai gan osgoi'r pedwerydd gris gan y gwyddai y byddai honno'n gwichian.

'Be ti'n wneud?' gofynnodd Rhys wrth sylwi ar ei chamau bras.

'Ssshhh ...'

'Ond pam? Does 'na neb yma!'

Arhosodd Elin a throi i'w wynebu. 'Mi wn i, ond fedra i ddim peidio! Dwi'n teimlo fel hogan ddrwg!'

'Wyt ti wir!' gwenodd Rhys arni. 'Wel, ty'd i mi gael gafael arnat ti 'ta, yr hogan ddrwg!'

Llamodd tuag ati, a rhedodd Elin i fyny gweddill y grisiau o'i flaen gan wichian a chwerthin, a thaflu ei hun ar ei gwely pan gyrhaeddodd ei llofft. Trodd ar ei chefn ac edrych i gyfeiriad Rhys, oedd yn sefyll yn y drws a golwg ddifrifol ar ei wyneb. Gwenodd arno, ond wnaeth o ddim gwenu'n ôl. Diflannodd ei gwên hithau.

'Be sy?'

Dechreuodd Rhys gerdded tuag ati gan agor bwcwl ei felt – nid bod angen belt i ddal ei jîns i fyny gan fod y denim yn dynn am ei goesau cyhyrog. Dechreuodd calon Elin guro'n gyflymach a theimlodd don o gyffro yn chwalu drwyddi wth iddo agor ei *zip*.

'O, Elsi,' meddai, ei lais yn floesg. 'Fedra i ddim deud wrthat ti gymaint dwi wedi edrych ymlaen at hyn.'

Syllodd Elin ar ei godiad amlwg. 'Mi wela i!' meddai. 'A finna ...' Ond cyn iddi fedru gorffen ei brawddeg roedd Rhys wedi tynnu'i jîns a gwasgu'i hun wrth ei hochr gan ei chusanu'n awchus. Dechreuodd sbrings y gwely sengl, lle bu Elin yn darllen straeon caru cylchgrawn *Jackie* dan y cwrlid ddeng mlynedd ar hugain ynghynt, wichian dan eu pwysau, ond boddwyd y sŵn yn raddol gan ebychiadau eu caru taer.

Hanner awr yn ddiweddarach gorweddai Elin ym mreichiau Rhys, ei chorff yn teimlo'n drwm ac wedi ymlacio'n llwyr. Ond doedd ei meddwl ddim wedi arafu, a rhoddodd ei chydwybod bìn yn swigen ei hapusrwydd. Beth petai Beca'n cyrraedd yn ôl? Gwell iddyn nhw godi, meddyliodd, er na allai feddwl am ddim byd gwell na threulio gweddill y prynhawn yn gorwedd yn fodlon ym mreichiau Rhys. Dechreuodd ddatglymu ei choesau, oedd wedi eu lapio rownd rhai Rhys, ond gafaelodd Rhys yn ei braich a'i thynnu'n ôl.

'Lle ti'n mynd?' gofynnodd.

''Sa'n well i ni godi, basa, rhag ofn i Beca a Liam ddod yn ôl.'

'Arhosa funud.' Cododd Rhys yn osgeiddig o'r gwely a chodi ei jîns oddi ar y llawr. Ymbalfalodd yn ei bocedi tra oedd Elin yn edmygu ei gorff. Doedd dim owns o fraster arno a gallai weld diffiniad pob cyhyr. O'r diwedd, tynnodd Rhys becyn bychan o boced gefn y jîns. Plygodd ar ei liniau wrth erchwyn y gwely a'i gynnig iddi.

'Be 'di hwn?' gofynnodd Elin yn syn, gan edrych ar y pecyn oedd wedi ei lapio mewn papur aur a'i addurno â dolen o rhuban sidan coch, a hwnnw braidd yn fflat ar ôl bod yn y boced.

'Dy bresant Dolig di.'

Gwenodd Elin yn swil gan gymryd y pecyn o'i law. 'Diolch,' meddai, gan geisio dyfalu beth oedd ynddo.

'Agor o!' gorchmynnodd Rhys.

'Be, rŵan? Ond tydi hi'm yn Ddolig tan fory!'

'Agor o,' meddai'n dawelach, gan edrych yn ddifrifol arni. Agorodd Elin y papur aur yn ofalus i ddatgelu bocs bach melfed o'r un lliw â'r rhuban sidan. Cododd ei llygaid i edrych i wyneb Rhys cyn agor y bocs yn ofalus. Daliodd ei gwynt: ynddo roedd un o'r modrwyau harddaf a welsai erioed. Ar fand o aur roedd dwy garreg ddisglair, un goch ac un werdd, a'r ddwy wedi eu gosod gyda'i gilydd i ffurfio siâp calon. Syllodd Elin ar Rhys.

'Mi ges i ei gwneud hi'n arbennig i chdi,' meddai'n swil, 'rhuddem – carreg mis dy eni di – ac emrallt, f'un inna.'

Am unwaith ni allai Elin ddod o hyd i eiriau. Wyddai hi ddim y gallai Rhys fod mor rhamantus. Dechreuodd bigau bach ei dagrau gosi cefn ei llygaid – a chofiodd mai dim ond llyfrau a chrys roedd hi wedi'u prynu iddo fo.

'Ti'n ei licio hi?' gofynnodd Rhys yn bryderus.

'Licio hi? Mae hi'n hollol *stunning* ... ond ma' siŵr ei bod hi wedi costio ffortiwn!'

Tynnodd Rhys hi o'r bocs yn ofalus. Ar ôl cymryd anadl ddofn meddai mewn llais crynedig, 'Do'n i ddim wedi dychmygu y byswn i'n gwneud hyn yn noethlymun, ond ... Elsi, Elin ... plis wnei di 'mhriodi i?'

Edrychodd Elin arno'n gegrwth. Er gwaetha'r ffaith ei fod wedi mynd ar ei liniau, maint y bocs bach a'r ffaith mai modrwy oedd ynddo, doedd Elin ddim wedi dychmygu am eiliad mai dyma oedd ei fwriad. Dihangodd deigryn o'i llygad a llithro'n dawel i lawr ei boch, a gwelodd Elin ofn yn lledu dros wyneb ei chariad.

'Be sy? Paid â chrio!' Rhoddodd Rhys ei freichiau amdani a gafael ynddi'n dynn.

Methodd Elin yngan gair i fynegi ei chariad tuag ato. Caeodd ei llygaid i atal y dagrau a chwilio am wefusau Rhys i'w cusanu. Teimlodd ei gorff yn ymlacio yn ei choflaid, a phan dynnodd yn ôl o'r gusan roedd o'n gwenu fel giât. Roedd wedi cymryd y gusan fel ei hateb – a'r ateb hwnnw yn un cadarnhaol – ond doedd Elin ddim yn gwybod ai dyna *oedd* ei hateb. Roedd ei phen yn troi. Dechreuodd Rhys roi'r fodrwy ar ei bys priodas, ond caeodd Elin ei dwrn i'w atal. Edrychodd Rhys arni, a gwelodd Elin gysgod yn croesi ei wyneb annwyl.

'Well i ti beidio'i rhoi hi ar y bys yna rŵan ... be am adael i bobol ddod i arfer efo'r syniad ein bod ni efo'n gilydd gynta? Mi fydd o'n llai o sioc wedyn – ac mi fasa'n well i mi gael ysgariad hefyd, basa!' Cymerodd y fodrwy o'i law. 'Mi ro' i hi ar gadwyn am 'y ngwddw fel na fydd hi byth yn bell o 'nghalon i,' meddai.

'Ocê 'ta,' meddai Rhys. 'Ond mi ddeudwn ni wrth bobol yn reit handi, ia?'

'Gad i ni gael y Dolig 'ma drosodd gynta,' atebodd Elin cyn ei dawelu unwaith yn rhagor â chusan. Wrth i Rhys afael amdani a cheisio'i thynnu'n ôl i'r gwely, canodd ei ffôn ym mhoced ei jîns ar lawr.

'Damia! Well i mi ei ateb o, rhag ofn bod 'na broblem adra, sori!' Cododd ei ffôn. 'Kevin sy 'na – ar FaceTime! meddai wrth edrych ar y sgrin. 'Pam mae o'n fy ffonio i ar hwnnw?' Cododd ei fys i ateb yr alwad ond ceisiodd Elin gipio'r ffôn oddi arno.

'Paid â'i ateb o! Ti'n noeth, cofia!'

'Duwcs, wna i 'mond dangos 'y ngwynab, siŵr,' meddai Rhys, gan godi o'r gwely a dechrau siarad â'i frawd-yng-nghyfraith. 'You OK, mate?' meddai, cyn rhoi ebychiad pan welodd wyneb Betty, ei fam-yng-nghyfraith, yn edrych arno o'r sgrin. 'Betty! This is a surprise!' Symudodd y ffôn yn agosach at ei wyneb fel na allai Betty weld dim byd arall.

Diflannodd Elin o dan ddillad y gwely a'u tynnu dros ei phen, ond gallai glywed llais Betty yn glir.

'Ooh! I can see your face! Kevin's put me on this face thing. You need to brush your hair!'

Stwffiodd Elin ddarn o'r cwilt i'w cheg i'w hatal ei hun rhag chwerthin wrth iddi ddychymygu ymateb Betty petai'n gweld y llun yn gyflawn. Doedd perthynas Rhys â'i fam-yng-nghyfraith ddim yn un hawdd. A dweud y gwir, doedd dim byd am Betty'n hawdd. Roedd ei gwydr yn wastad yn hanner gwag hyd yn oed cyn iddi golli ei merch yn ddisymwth mewn damwain car, a gwagiai'r gwydr hwnnw fwyfwy â phob blwyddyn a âi heibio. Roedd hi'n anodd cydymdeimlo â hi gan fod ganddi duedd anffodus o weld y gwaethaf ym mhawb a phopeth. Dim ond un person oedd wedi llwyddo i amlygu ochr arall iddi – ochr oedd bron iawn yn glên – ac Alun oedd hwnnw, pan gafodd wahoddiad i aros ym myngalo Betty a Kevin yn ystod yr haf gan nad oedd lle i bawb yn nhŷ Rhys. Ond cyfnod byr megis heulwen yn picio allan drwy'r cymylau am funud oedd hynny. Ar ôl i Alun fynd, roedd Betty wedi llithro'n ôl i'w hen ffordd.

'Are the boys there? I want to see the boys!' mynnodd Betty.

'Ymm … no, sorry, they've gone to see a pantomime.'

'Oooh,' meddai Betty'n siomedig. 'I wanted to wish them a merry Christmas for tomorrow, being as I won't be seeing them …'

'We'll be calling you tomorrow as we always do when we're in Wales at Christmas,' meddai Rhys.

Gallai Elin clywed tinc diamynedd yn ei lais. Ers i Roisin farw roedd Betty wedi trio'i gorau i gael y bechgyn i dreulio'r Dolig efo hi bob blwyddyn yn hytrach na dod i Gymru at eu nain arall bob yn ail, ond roedd Rhys wedi mynnu cadw at y drefn o dreulio'r gwyliau yng Nghymru.

'Ok. Will you call me on this face thing so that I can see them?'

'I will.'

'Where are you now, then? Are you at your mother's?' gofynnodd. Doedd hi ddim i weld ar frys i orffen y sgwrs.

'No, I'm next door at Alun's.'

'Oooh, put him on so that I can say hello!' gorchmynnodd Betty, ei llais wedi sirioli.

Erbyn hyn roedd y gwely'n siglo wrth i Elin chwerthin yn ddistaw, yn ysu i sbecian ar Rhys er mwyn gweld ei wyneb, oedd yn siŵr o fod yn bictiwr.

'I'm afraid he's gone to the panto with the boys, but Elin's here – would you like a word?' gofynnodd Rhys yn ddireidus.

Daeth gwich o gyfeiriad y gwely wrth i Betty ateb, 'No, it's ok.'

'Well, have a good day tomorrow and I hope Kevin gives you a nice present,' meddai Rhys.

'We'll see about that. The best present he could give me would be to turn up with a wife!' meddai Betty. Roedd y siom arferol yn ôl yn ei llais.

'Well, you never know! Goodbye now – I'll speak to you tomorrow.'

Ffarweliodd Rhys â hi cyn taflu dillad y gwely'n ôl. Edrychodd ar Elin a dechreuodd y ddau rowlio chwerthin.

Pennod 3

A hithau'n ddim ond saith o'r gloch ar fore'r Nadolig, diolchodd Elin nad oedd y genod yn dal i gredu yn Siôn Corn wrth iddi gario dwy sach o anrhegion mor dawel ag y gallai ar draws y landin a'u gosod tu allan i ddrws eu hystafell. Cofiodd y dyddiau pan fyddai'n rhaid i'r sachau fod yn eu lle ar waelod eu gwlâu erbyn hanner awr wedi pump y bore gan y byddan nhw'n siŵr o fod yn effro, wedi cyffroi'n lân, erbyn chwech gan ddisgwyl i Elfed a hithau fod yr un mor effro â nhw. Er nad oeddan nhw bellach yn credu yn Siôn Corn, roedd y ddwy'n dal i ddisgwyl cael anrhegion eu rhieni ar waelod eu gwlâu, yn hytrach nag o dan y goeden efo'r gweddill.

Roedd Elin wedi gorfod esbonio, fodd bynnag, ar ôl sgwrs anodd arall efo Elfed, mai anrhegion ganddi hi yn unig fyddai yn y sachau, ac y byddai Elfed yn rhoi ei anrhegion o iddyn nhw yn hwyrach yn y dydd. Byddai wedi bod yn well ganddo fo roi arian iddi hi tuag at yr anrhegion ac iddi hi brynu popeth yn ôl ei harfer, ond llwyddodd i'w berswadio'n wahanol – yn un peth, byddai'r anrhegion yn ychwanegu cyffro at bnawn y genod efo'u tad. Gwyddai Elin y byddai'r Dolig cyntaf a'u rhieni ar wahân yn chwithig i'r genod, ac roedd yn awyddus i wneud y diwrnod mor hwyliog a hapus â phosib.

Edrychodd Elin ar y ddwy sach o flaen y drws. Roedden nhw'n edrych yn wacach o'u cymharu â'r blynyddoedd a fu, ond dyna'r patrwm, debyg – yr anrhegion yn mynd yn llai ac yn ddrutach wrth i'r plant fynd yn fwy. Chwarae teg, doedd y genod ddim wedi gofyn am lawer eleni, ac roedd hithau wedi llenwi'r sachau â phethau angenrheidiol megis taclau molchi, sanau, pyjamas a dillad isa, ac wedi ychwanegu bocsys siocled a fyddai wedi bod allan ar y seidbord tasan nhw'n dal i fyw yng Ngodre'r Foel. Roedd yn rhaid i Elin gyfaddef ei bod yn hiraethu am ei thŷ – treuliodd lawer o'i hamser dros y blynyddoedd yn ei addasu a'i addurno, gan droi pedair wal yn gartref. Anodd iawn oedd pasio Godre'r Foel heb deimlo'r hawl i fynd i mewn, er mai hi oedd biau ei hanner o hyd, ac roedd llawer o'i phethau'n dal i fod yno am nad oedd lle iddyn nhw yn nhŷ ei thad.

Sleifiodd Elin yn ôl i'w gwely i geisio dwyn hanner awr fach arall ynddo cyn gorfod wynebu'r diwrnod, ond yn fuan wedyn agorodd drws ei llofft. Rhedodd Beca a Moli i mewn a'u sachau ar eu cefnau, gan weiddi 'Dolig Llawen!' wrth ollwng eu hunain ar y gwely sengl. Cododd Elin ei hun ar ei heistedd a rhoi coflaid a chusan i'r ddwy.

'A Dolig llawen i chitha! Ma' Siôn Corn wedi bod wedi bod, dwi'n gweld. Dach chi am fynd â'r sachau 'na i lawr y grisiau i'w hagor?'

'Syniad da – a' i i ddeffro Taid!' meddai Moli, gan neidio oddi ar y gwely.

'Gad iddo fo gysgu!' gwaeddodd Elin, ond roedd hi'n rhy hwyr. Yn ffodus, roedd Alun eisoes wedi codi a gwisgo amdano ac yn eistedd dan y goeden yn yr ystafell fyw yn disgwyl amdanyn nhw.

'Lle dach chi 'di bod 'dwch?' gofynnodd gyda gwên wrth i'w ferch a'i wyresau gyrraedd yr ystafell fyw yn eu dillad nos. 'Mae Siôn Corn wedi bod ers meitin ... sbiwch, mae o wedi gadael hwn i mi!' Wrth ei draed roedd bocs mawr oedd yn cyrraedd at ei bengliniau a rhuban llydan aur wedi'i glymu amdano. Gollyngodd Moli ei sach anrhegion ar lawr a symud at y bocs.

'Be ydi o?'

'Dwn i'm,' atebodd ei thaid. 'Ro'n i'n meddwl 'sach chi'ch dwy yn licio'i agor o.'

Penliniodd Moli wrth ymyl y bocs ac ymunodd Beca â hi am ennyd cyn neidio'n ôl ar ei thraed. 'Waaaa! Na'th o symud!'

'Be na'th symud?' gofynnodd Elin.

'Y bocs! Roedd o'n symud!'

Edrychodd Moli ar ei thaid â llygaid mawr fel soseri. 'Be sy ynddo fo, Taid?'

'Does 'na ddim ond un ffordd o ffendio allan,' atebodd Alun. 'Agor o!'

Suddodd calon Elin. Be oedd ei thad wedi'i wneud? Datglymodd Moli y rhuban yn ofalus a chamodd Beca yn nes er mwyn gweld yn well. Agorodd Moli y caead ac edrych i mewn.

Rhoddodd sgrech fach. 'No wê! Mam, Beca, sbiwch!'

Yn crafangu mewn ymgais i ddod allan o'r bocs roedd pelen felen, feddal â dau lygad mawr tywyll: ci bach! Estynnodd Moli amdano a'i godi'n ofalus. Dechreuodd y ci lyfu ei hwyneb gan wneud iddi chwerthin yn uchel. Syrthiodd Beca ar ei gliniau wrth ochr ei chwaer.

'O, sbia gorjys!' meddai honno, gan fwytho'r creadur bach oedd yn gwingo mewn cyffro.

'Dwi in lŷf!' cyhoeddodd Moli. 'Be 'di o? Labrador, ia?'

'Ia,' atebodd ei thaid â gwên lydan.

Syllodd Elin yn gegrwth ar ei thad oedd yn mwynhau pob munud o ymateb ei wyresau i'w syrpréis. 'Ci?' meddai'n anghrediniol. 'I be dach chi isio ci?'

'Wel, dwi wedi bod isio un erioed, ond doedd dy fam ddim yn fodlon gan mai hi fyddai wedi gorfod bod yn gyfrifol am edrych ar ei ôl o, a finna i ffwrdd yn dreifio bysys am gyfnodau hir. A meddwl o'n i y basa fo'n gwmni i mi, achos dach chi ddim am fod yn byw yma am byth, nac'dach? Ddim 'mod i'n eich hel chi o'ma, cofia! I'r gwrthwyneb – mi fydda i ar goll hebddach chi, ond mi fydd hwn yn llenwi rhywfaint ar y twll y byddwch chi'n ei adael.'

''Dan ni ddim yn mynd i nunlla, nac'dan, Mam?' gofynnodd Moli. ''Mond ella os awn ni'n ôl at Dad.'

'Na, Moli,' meddai Elin yn bendant. 'Fyddwn ni ddim yn mynd yn ôl i Odre'r Foel.'

'Be ydi'i enw fo?' gofynnodd Beca er mwyn newid y pwnc.

'*Hi* ydi hi, a Belan Seren Felen ydi'i henw pedigri hi, ond gan fod hwnna braidd yn lond ceg mi gewch chi ddewis be i'w galw hi.'

'Mi fydd yn rhaid i ni roi enw Nadoligaidd iddi,' rhesymodd Beca.

'Santa!' cynigiodd Moli'n awyddus.

'Paid â bod yn wirion, fedri di ddim galw ci yn "Santa", siŵr,' meddai ei chwaer yn ddirmygus.

'Celyn 'ta.'

Ysgydwodd Beca ei phen. 'Na, rhy bigog.'

'Be am Seren? Mae 'na seren yn stori'r Dolig, 'does? A gan mai dyna ydi ei henw go iawn hi ...' awgrymodd Moli. Dechreuodd Beca weiddi 'Seren! Seren! Na, tydi hi ddim yn cymryd math o sylw o'r enw yna.'

'Rwdolff!' galwodd Moli.

'Hogyn 'di Rwdolff,' eglurodd Alun.

'Mam, be ti'n feddwl?' gofynnodd Moli.

Doedd Elin ddim yn gwybod beth i feddwl. Edrychodd ar y bwndel bach yn dringo'n chwareus dros y genod ac yn cnoi'r rhuban oedd o amgylch y bocs, a'r unig beth ddaeth i'w meddwl oedd y gwaith sy'n dod efo ci bach.

'Waaa! Sbiwch, mae hi'n pi-pi ar eich slipar chi, Taid!' gwaeddodd Moli, i gadarnhau argraff gyntaf ei mam.

'Gafaela ynddi hi a dos â hi allan!' meddai Beca.

'Gafael *di* ynddi hi!' mynnodd Moli.

'Rhowch hi'n ôl yn y bocs!' gwaeddodd Elin, ond yn rhy hwyr. Roedd un o slipars Alun yn socian a'r ci bach wedi symud ymlaen i archwilio'r goeden Dolig.

'Gwyliwch hi! Ma' hi'n dechra tynnu ar y tinsel!' rhybuddiodd Elin wrth weld y goeden yn dechrau siglo. Brysiodd tuag ati, ond yn rhy hwyr. Syrthiodd y goeden ar ei hochr gan fethu'r genod o drwch blewyn. Dychrynnodd y ci bach am ei bywyd a rhedeg rownd yr ystafell yn cyfarth.

Dechreuodd Moli redeg ar ei hôl a thynnodd Beca ei ffôn allan i ffilmio'r cyfan, gan chwerthin. Eisteddodd Alun yng nghanol y bedlam, ei slipar wlyb yn ei law.

'O diar,' meddai.

'O diar yn wir, Dad!' ategodd Elin. 'Dwi'n mynd i wneud brecwast. Gewch *chi* sortio hyn!'

Roedd y cyffro ynghylch y ci wedi gwneud i Beca a Moli anghofio'n llwyr am eu sachau Dolig am sbel, ond buan iawn y trodd eu sylw at eu hanrhegion. Erbyn iddyn nhw eistedd wrth y bwrdd i fwyta'u brecwast arbennig Nadoligaidd o *croisants*, *pain au chocolate*, crempogau bach a sudd oren ffres, roedd Moli'n gwisgo'i chlustffonau newydd a Beca yn ffidlan efo'i ffôn newydd hithau.

'Genod! Fedrwch chi roi'r rheina i lawr am funud i ni gael mwynhau brecwast efo'n gilydd, plis?' gofynnodd Elin, ond anwybyddodd y ddwy hi: Moli am nad oedd hi'n clywed a Beca am ei bod yn brysur yn tecstio Declan, ei chariad. Tynnodd Elin y clustffonau oddi ar glustiau Moli. 'Brecwast. Rŵan,' meddai'n bendant. 'Gei di chwarae efo'r rheina wedyn.'

'Dach chi ddim yn *chwarae* efo clustffonau, Mam!' meddai Moli'n ddilornus gan eu gosod ar y bwrdd wrth ei hochr. 'Ac ma' Beca'n dal ar ei ffôn!'

'Beca! Cadwa hwnna rŵan, plis,' erfyniodd Elin arni.

'Ond dwi isio dangos fideo o'r ci i Declan cyn iddo fo fynd i *mass*.'

'Gei di ddangos iddo fo wedyn.'

Gwgodd Beca, ond rhoddodd ei ffôn o'r neilltu serch hynny. Gwyddel oedd Declan, ac roedd y ddau wedi cyfarfod tra oedd y teulu'n aros yn Knockfree dros yr haf. Feddyliodd Elin erioed y byddai'r berthynas yn goroesi, ond diolch i gyswllt hawdd FaceTime a ffôn, a dau drip dros Fôr Iwerddon, roedd y berthynas yn dal ei thir.

'Mynadd ganddo fo, yn gorfod mynd i'r Eglwys ar fora Dolig,' meddai Moli.

'Mi aeth o yno neithiwr hefyd, i'r *Midnight Mass*,' eglurodd Beca, 'er mai naw o'r gloch oedd o, nid hanner nos.'

'Ydi ei deulu o'n grefyddol ofnadwy, 'lly?' gofynnodd Moli wrth estyn am ei thrydydd crempog.

'Gad un o'r rheina i dy daid!' rhybuddiodd Elin hi. 'Lle mae o, beth bynnag?'

'Wedi mynd â'r ci i'r ardd i wneud ei busnes,' atebodd Beca.

'A nac'dyn, dwi ddim yn meddwl fod teulu Decs yn mega crefyddol, jest Catholics ydyn nhw, 'de, a dyna be mae Catholics yn wneud.'

Ar hynny, agorodd y drws a saethodd y ci i mewn ac Alun wrth ei gwt.

'Genod, cadwch chi lygad ar y ci i'ch taid gael llonydd i fwyta'i frecwast,' gorchmynnodd Elin cyn troi at ei thad. 'Dwi wedi golchi'ch slipar chi – mae hi wrth y tân yn sychu.'

Ar ôl brecwast dychwelodd y teulu i'r ystafell frynt i agor yr anrhegion oedd o dan y goeden. Pan oeddan nhw ryw hanner ffordd drwy'r domen o barseli, tinciodd ffonau Moli a Beca ar yr un pryd – negeseuon testun gan eu tad yn dymuno Nadolig llawen iddyn nhw, ac i ddweud ei fod yn edrych ymlaen at eu gweld yn ddiweddarach y diwrnod hwnnw. Roedd Elin wedi bod yn trio'i gorau i beidio meddwl amdano fo ar ben ei hun yng Ngodre'r Foel. Gwyddai ei fod wedi cael cynnig treulio'r Ŵyl efo'i chwaer yn yr Amwythig, a'i fod wedi gwrthod er mwyn cael gweld y genod. Teimlodd Elin bigiad o euogrwydd. Tinciodd ei ffôn hithau yn y gegin a chododd i'w nôl. Neges oddi wrth Elfed: 'Dolig Llawen xx'. Syllodd arno gan geisio meddwl pam roedd o wedi'i gyrru ati, a sut y dylai ateb. Mi fyddai 'ac i chditha' yn rhy greulon rywsut – mae'n debyg nad oedd ei ddiwrnod o'n llawen iawn ac yntau wedi deffro heb ei blant am y Dolig cyntaf ers eu geni. Ei hofn mawr oedd y byddai'n troi at y botel am gysur, a doedd hi ddim awydd gwneud unrhyw beth fyddai'n ei wthio i'r cyfeiriad hwnnw. Dechreuodd deipio 'diolch xx' ond newidiodd ei meddwl a chwalu'r ddwy gusan. Newidiodd ei meddwl eto a rhoi un 'x' cyn gyrru'r neges.

Dychrynnodd wrth glywed cnoc ysgafn ar ffenest y gegin. Cododd ei phen i weld Rhys yn edrych drwy'r ffenest yn gwenu arni. Hedfanodd Elfed o'i meddwl wrth iddi amneidio arno i ddod i mewn.

'Jest picio i ddeud Dolig llawen!' meddai wrth agor y drws. Lledodd gwên Elin gan gofio'i fod eisoes wedi gyrru tecst efo'r un neges ben bore. Mentrodd y ddau gofleidio'n sydyn. 'Roedd yr hogia isio dŵad hefyd ond mi ddeudis i basa 'na beryg iddyn nhw fod o dan draed,' eglurodd Rhys. Gostyngodd ei lais i sibrwd, 'ond ro'n i'n methu aros.'

'Rhys!' ebychodd Alun wrth ddod drwodd i'r gegin. 'Ro'n i'n meddwl 'mod i'n clywed lleisiau.' Yn sydyn, saethodd y ci bach rhwng coesau Alun a'i heglu hi drwy'r drws cefn roedd Rhys wedi'i adael yn agored.

'Taid! Daliwch hi!' galwodd Moli, yn rhy hwyr.

'Be ddiawch ..?' meddai Rhys.

'Be sy ganddi hi yn ei cheg?' gofynnodd Elin wrth sylwi ar rywbeth melyn, disglair yn hongian o geg y ci bach.

'Taffi,' gwaeddodd Moli, gan ruthro drwy'r drws ar ei hôl.

'Taffi?' gofynnodd Elin.

'Ia, mae hi wedi'i ddwyn o o'r tun Quality Street,' eglurodd Beca.

'Dach chi erioed wedi agor hwnnw'n barod?'

'Ydan siŵr. Ma' hi'n Ddolig, tydi?'

Daeth Moli yn ei hôl i'r tŷ ar ôl llwyddo i ddal y ci bach, ond doedd ei chael i ollwng y da-da ddim yn dasg mor hawdd.

'Be ddiawch?' meddai Rhys eto. 'Pwy 'di hwn?'

'*Hi* ydi hi,' eglurodd Alun. 'Siôn Corn ddaeth â hi i mi, a does ganddi ddim enw eto.'

O'r diwedd, llwyddodd Moli i gael y da-da o geg y ci. 'Oes, *mae* ganddi hi enw,' meddai, 'Taffi!'

'Taffi!' meddai Elin. 'Dwi'n licio'r enw yna.'

'Ac mae hi'r un lliw â thaffi melyn,' ychwanegodd Beca.

'Taffi amdani, felly,' cytunodd Alun, gan gymryd y ci o freichiau Moli. 'Rhys, gad i mi dy gyflwyno di i Taffi.'

'Dwi'n mynd am dro, Dad,' cyhoeddodd Elin ar ôl cinio.

'Yn y glaw 'ma?'

'Tydi hi ddim yn bwrw llawer, ac mi wneith les i mi ar ôl yr holl fwyd 'na. Gewch chitha lonydd i gael napan cyn i'r genod ddod yn ôl, a chyn i griw drws nesa landio.'

Y gwir amdani oedd na wyddai hi beth i'w wneud ar ôl i'r genod fynd at Elfed i dreulio'r pnawn.

'Dach chi isio i mi fynd â Taffi efo fi?' gofynnodd.

'Na, waeth i ti heb,' atebodd Alun. 'Mae'n rhaid iddi gael ei phigiada gan y fet cyn y ceith hi fynd allan. Mi ga i gyntun bach sydyn a mynd i'r Clwb am un bach, dwi'n meddwl. Mi fydd o'n agor am chydig oria pnawn 'ma.'

Diolchodd Elin am hynny, gan mai ei bwriad oedd cerdded i ben y Foel, a beryg na allai coesau'r ci bach ddygymod â hynny. Pan gyrhaeddodd waelod y stryd, gwenodd wrth weld fod Rhys yn disgwyl amdani.

'Mi wnest titha lwyddo i ddenig, felly,' meddai wrtho.

'Do. Mae'r efeilliaid wrthi'n dysgu eu nain sut i ddefnyddio'r Playstation, dan oruchwyliaeth Liam.'

Gwenodd Elin. 'Gobeithio nad ydyn nhw yn chwara'r gêm soldiwrs wirion 'na neu mi fydd hi wedi dychryn am ei bywyd!'

Wrth gychwyn allan o'r pentref, arafodd Rhys ei gamau nes bod y ddau yn cerdded i'r un rhythm.

'Lle 'dan ni'n mynd?' gofynnodd. 'I fyny'r Foel?'

'Ia, os ydi hynny iawn?' atebodd Elin. 'Mae ganddon ni ryw awr cyn iddi d'wyllu – hen ddigon o amser, os na wnawn ni ddili-dalian.'

'Bechod,' meddai Rhys. 'Dwi wrth fy modd yn dili-dalian efo chdi!' Estynnodd am ei llaw dim ond i'w gollwng yn syth pan ddaeth teulu bach i'w cyfarfod, y fam yn cario babi mewn sling ac yn dal ymbarél uwch ei phen, a'r tad yn dal ei law ar ysgwydd ei fab bychan oedd yn reidio beic sgleiniog yn igam ogam ar hyd y ffordd.

'Sori!' galwodd y tad wrth i'r bachgen reidio drwy bwll o ddŵr gan wlychu godrau trowsus Elin. 'Sori! Drion ni ei berswadio fo nad oedd hi'n syniad da mynd ar feic yn y glaw, ond roedd o'n mynnu!'

'Mae'n iawn siŵr. Dolig llawen i chi!' meddai Elin.

'Dolig llawen!' ategodd y fam wrth i'r tad ruthro ar ôl y bachgen oedd bellach wedi magu hyder a chodi sbîd.

'Pobol newydd i'r pentra?' gofynnodd Rhys ar ôl iddynt fynd allan o'u clyw.

'Naci. Mab Twm Meirion ydi hwnna,' atebodd Elin. 'Dwi'm yn meddwl 'mod i erioed wedi torri gair efo fo o'r blaen, er 'mod i'n 'i nabod o ers iddo gael ei eni. Mae petha 'di newid yma er pan oeddan ni'n blant, 'sti. Anaml y bydda i'n gweld neb pan fydda i'n mynd am dro, ac os wela i rywun cha i ddim mwy na "helô" ganddyn nhw.'

'Ha! diolcha!' meddai Rhys. 'Mi all picio lawr i'r pentre yn Knockfree gymryd oriau wrth i hwn a'r llall holi dy berfedd di!'

Ar ôl iddyn nhw gyrraedd pen y bryn pwysodd Elin ar y twr bach oedd yn dynodi'r brig er mwyn gwerthfawrogi'r wledd o olygfa o'i blaen. Roedd y glaw wedi peidio a'r cymylau wedi gwasgaru, ac er bod golau'r dydd yn prysur wanio gallai weld castell Caernarfon fel tegan bach ar lan afon Menai. Dawnsiai smotiau o oleuadau ar draws Ynys Môn, ac wrth graffu gallai weld amlinelliad Mynydd Twr ar Ynys Cybi ym mhen pellaf Môn. Trodd ei golygon tua'r gorllewin. Dim ond tonnau llwydion Môr Iwerddon a welai heddiw, ond gwyddai'n union lle roedd Mynyddoedd Wiclo gan iddi eu gweld yn gadwyn ar y gorwel lawer tro. Teimlodd bwysau Rhys yn ei herbyn a'i freichiau'n cau amdani.

'Pan fydda i'n hiraethu amdanat ti ac yn teimlo dy fod di'n bell i ffwrdd,' meddai Elin wrtho, 'i fama y bydda i'n dod. Weithiau, mi wela i fynyddoedd Wiclo ac mi fydda i'n meddwl amdanat ti'n mynd o gwmpas dy waith ac ar y beic o gwmpas Knockfree, ac mi fydda i'n teimlo'n nes atat ti.'

Trodd ei chefn ar yr olygfa ac edrych i wyneb Rhys. Roedd golwg ddifrifol ar ei wyneb.

''Sdim rhaid i ti fod yn bell oddi wrtha i,' meddai. 'Ty'd ata i. Meddylia mor hapus fyddan ni. Mi fasat ti'n gwneud job mor wych o redeg y byncws,' meddai, cyn oedi. '... nid bod 'na bwysa arnat ti i wneud hynny os nad wyt ti isio, wrth gwrs,' ychwanegodd.

Arhosodd Elin yn dawel ei freichiau am ychydig.

'Fasat ti ddim yn ystyried dod yn ôl i Gymru i fyw?' gofynnodd yn betrusgar.

Wnaeth Rhys ddim ateb. Astudiodd Elin ei wyneb, yn chwilio am unrhyw ymateb, ond gwyddai yn ei chalon y byddai'n llawer anos iddo fo adael Iwerddon nag y byddai iddi hi adael Cymru. Roedd o wedi gweithio'n hynod o galed i adeiladu'r cwmni beicio mynydd a oedd yn fywoliaeth nid yn unig iddo fo a'i frawd-yng-nghyfraith ond i Liam hefyd. Ond siawns y byddai symud i Gymru'n haws i Dewi a Pádraig nag y byddai symud i Iwerddon i Moli a Beca. O leia roedd gan y bechgyn hawl ar Gymru – roedd eu tad yn Gymro, a hwythau'n siarad yr iaith. Mi fyddai'r genod yn gorfod byw mewn gwlad wahanol i'w tad petai hi'n penderfynu symud at Rhys.

'Dwi wedi meddwl yn hir am hyn, 'sti, Elsi,' atebodd yn bwyllog, o'r diwedd. 'Dwi'n gwerthfawrogi na fasa symud yn hawdd i ti, ond dwi wir yn credu bod Iwerddon yn wlad well i fyw ynddi ar hyn o bryd na'r wlad yma. Sgin i ddim ffydd yn y giwed sy'n llywodraethu i fedru gwneud llwyddiant o ddim ar ôl gadael Ewrop. Wyddost ti fod 'na gannoedd o Brydeinwyr sydd â nain neu daid Gwyddelig wedi gwneud ceisiadau am basbort Gwyddelig jest er mwyn cael aros yn rhan o Ewrop?'

'Sgin *ti* basbort Gwyddelig?'

'Oes. Mi wnes i gais am un cyn gynted ag y dechreuwyd sôn am Brexit, ac mi oedd yn broses reit hawdd gan 'mod i'n briod â Gwyddeles ac wedi byw yno ers fy ugeiniau.'

'Ond faswn i a'r genod yn *cael* symud i Iwerddon i fyw?'

'Basat, neu o leia mi fasat ti ar hyn o bryd. Does neb wir yn gwybod be ddigwyddith yn y dyfodol ... ond tasat ti'n wraig i mi 'swn i'n meddwl y bysach chi'n sicr o gael aros.

Gafaelodd Elin yn y fodrwy oedd yn hongian ar gadwyn o amgylch ei gwddw. Cydiodd Rhys yn ei llaw rydd.

'Ond mi wn i un peth yn sicr,' meddai, 'efo chdi dwi isio bod, felly os wyt ti'n meddwl na fedri di symud aton ni yn Knockfree yna mi ddo i yma atat ti ... *bag and baggage*!'

Gwenodd Elin arno ac ymestyn i fyny i'w gusanu.

'Diolch, Rhys,' sibrydodd. 'Dwi yn dy garu di, 'sti. Mi wna i fy mhenderfyniad yn fuan, dwi'n addo.'

Pennod 4

Rhoddodd Elin ochenaid o ryddhad pan glywodd sŵn y drws ffrynt yn agor a lleisiau Beca a Moli'n chwerthin wrth iddyn nhw ddod i'r tŷ. Roedd yn argoeli'n dda eu bod nhw wedi cael amser braf efo'u tad felly.

'Sut wyt ti wedi llwyddo i neud tri deg yn fwy o gamau na fi, a ninnau wedi cerdded yn union yr un pellter?' gofynnodd Moli i'w chwaer.

'Achos coesa byr sgin i, 'de! Mae dy goesa di'n hirach na fy rhai fi er dy fod di'n fengach – ti'n hannar jiráff!' atebodd Beca. Roedd y ddwy yn cario bag Nadolig yr un ac ar eu garddynau roedd Fitbit ncwydd.

'Rhowch eich bagiau lawr wrth y goeden Dolig,' meddai Elin, oedd yn ceisio cadw rhyw fath o drefn ar yr ystafell gan fod criw drws nesa i fod i gyrraedd unrhyw funud. 'Gawsoch chi amser da?'

Anwybyddodd Moli ei chwestiwn. 'Lle mae Taffi?' gofynnodd, ac ar y gair bowndiodd y ci bach o'r gegin a dechrau dringo ei choes. 'O, mae hi'n fy nghofio fi!' meddai, gan blygu i'w chodi yn ei breichiau. 'Ma' Dad yn car tu allan – ga i fynd â hi i ddangos iddo fo?'

'Cei siŵr,' atebodd Elin, yn falch nad oedd Elfed wedi gwneud ymgais i ddod i'r tŷ y tro hwn. O gael cefn Moli, cymerodd y cyfle i holi ei merch hynaf am eu hymweliad. 'Sut ma' dy dad?' gofynnodd.

Gollyngodd Beca ei bag o dan y goeden yn ufudd ac eistedd ar y soffa.

'Os mai gofyn ydi o 'di bod yn yfed wyt ti, nac'di.'

Diolch byth am hynny, meddyliodd Elin. Doedd hi ddim wedi synnu bod Beca wedi deall beth oedd yn ei phoeni gan fod ei merch hynaf mor graff. Roedd hi hefyd, fel ei thaid, yn dweud ei dweud yn blaen.

'Ond *mae* o'n drist, 'de,' ychwanegodd Beca. 'Ro'n i'n gallu deud achos 'i fod o'n joli iawn ... a 'di Dad ddim rili yn joli, nac'di, felly ma' raid mai actio oedd o. Sbia be ges i ganddo fo,' ychwanegodd, gan chwifio ei harddwn i ddangos y Fitbit.

'Neis iawn,' meddai Elin.

'Lle ma'r iPad?'

'Ar y silff ffenast. Ti ddim yn mynd i gladdu dy ben yn hwnna rŵan, nag wyt? Mi fydd criw drws nesa yma unrhyw funud, a 'swn i'n gallu gwneud efo dy help di yn y gegin.'

Cododd Beca ac estyn am y teclyn. ''Mond sbec sydyn dwi isio. Mi fydd 'na sêls rŵan, bydd, ac mae Dad 'di rhoi pres i mi yn bresant Dolig.'

'O, do? Chwarae teg iddo fo. Faint?'

'Dau gant a hanner.'

'*Dau gant a hanner?*' Bu bron i Elin dagu ar y geiriau.

'Ia, ac mi gafodd Moli 'run faint hefyd,' atebodd Beca gan setlo'n ôl ar y soffa efo'r iPad. 'Mae 'na rwbath positif yn dod o gael rhieni'n gwahanu – mae 'na ddau Siôn Corn!' ychwanegodd.

Ddywedodd Elin 'run gair. Yn hytrach, trodd i gyfeiriad y gegin a'i gwaed yn berwi. Pum cant o bunnau, a hynny ar ben y ddau Fitbit! Oedd o'n gall? Ac yntau'n honni ei fod yn gorfod crafu am bob ceiniog bob tro y byddai hi'n codi'r pwnc o dalu arian cynhaliaeth ar gyfer y genod efo fo. Doedd dim eglurhad arall – roedd haelioni Elfed yn ymgais fwriadol i dynnu arni, meddyliodd, gan gymryd anadl ddofn. Wnâi hi ddim gadael iddo ei chorddi.

'Beca! Gad hwnna a ty'd i helpu, wnei di? A lle mae Moli?' gwaeddodd, gan resynu bod y tinc siarp yn ei llais mor amlwg. Damia fo, meddyliodd, damia'r bwbach!

'Mae Dad yn ffansïo cael ci hefyd,' meddai Moli wrth iddi hi a Taffi redeg yn ôl i'r tŷ.

Baglodd Elin dros y ci bach. 'Ydi o wir?' brathodd. 'Wel, mi geith o hon! A lle mae Taid? Ddylsa fo fod yn ôl o'r Clwb erbyn hyn!'

'*Calm down*, Mam bach! Mae'n Ddolig, 'sti,' meddai Beca gan gerdded yn hamddenol i'r gegin. Achubodd Moli y bwndel blewog a sleifio i'r stafell fyw – roedd hi'n deall pryd i beidio â bod dan draed ei mam – wrth i'r drws cefn agor.

'Dad! Lle dach chi 'di bod?' gofynnodd Elin cyn iddo gael cyfle i dynnu'i gôt.

'Wel yn y Clwb 'de ... dwi'm yn hwyr, nac'dw? Chwech ddudist ti oedd Megan a'r teulu yn dod draw, yntê?'

'Nac'dach, ac ia,' atebodd Elin. Craffodd ar ei thad wrth iddo dynnu'i esgidiau, yn chwilio am unrhyw arwydd ei fod wedi meddwi, cyn ceryddu ei hun am wneud y fath beth. Welodd hi erioed mohono wedi meddwi – chydig yn joli, do, ond nid yn feddw. Penderfynodd wneud ei gorau i ymlacio a mwynhau'r noson a gwthio Elfed mor bell ag y medrai o'i meddwl.

Roedd Elin wrthi'n torri twrci oer yn dafellau a Beca'n addurno clamp o baflofa â ffrwythau pan glywsant lais Alun yn bloeddio o'r ystafell fyw.

'Be ddiawl ...?'

Rhuthrodd y ddwy drwodd i weld bod Alun yn hopian o gwmpas yr ystafell yn dal un o'i slipars a Moli'n rowlio chwerthin ar lawr. Llamai Taffi o'u cwmpas, yn cyfarth yn gyffrous.

'Be sy? Be sy 'di digwydd?' gofynnodd Elin.

'Y blydi ci 'ma!' atebodd Alun.

'Ydi hi 'di cnoi'ch slipar chi?' gofynnodd Beca.

'Nac'di!' atebodd Moli rhwng ebychiadau o chwerthin. 'Ma' hi 'di pw ei llond hi!'

Dechreuodd Beca chwerthin yn afreolus wrth weld ei thaid yn hopian o gwmpas yn ceisio tynnu ei hosan.

'Steddwch, wir Dduw!' gwaeddodd Elin arno, ond chymerodd ei thad ddim sylw gan ei fod yntau hefyd, erbyn hyn, yn chwerthin. Fel petai mewn *slow motion*, gwyliodd Elin ei thad yn syrthio i ganol y goeden Dolig. I'r bedlam hwn y cerddodd teulu drws nesa.

Ar ôl cadarnhau bod Alun yn iawn, ailgodi'r goeden ac esbonio'r cyfan i Rhys a'i deulu, dechreuodd Elin weld ochr ddoniol y sefyllfa.

'Wnei di olchi'r slipar yma hefyd, Elin?' gofynnodd Alun yn betrusgar.

'Na wnaf wir! Mi fydd raid iddi fynd i'r bin ar ei phen!'

'Be oedd ar fy mhen i'n cael ci, dŵad?'

'Be yn wir!' atebodd Elin, ond allai hi ddim peidio â gwenu wrth edrych ar y ci bach oedd erbyn hyn yn cysgu'n braf ar lin Moli.

'A peidiwch â phoeni am y slipars!' ategodd Dewi.

Pwniodd Pádraig ei efaill yn ei asennau. 'Paid â sbwylio'r syrpréis!' dwrdiodd.

Pan ddaeth hi'n amser i'r ddau deulu gyfnewid anrhegion, roedd Alun wrth ei fodd â chynnwys ei barsel o gan Rhys a'r hogiau: pâr o slipars.

'Dach chi'n *psychic*, ma' raid!' rhyfeddodd wrth eu gwisgo'n syth. 'Ac maen nhw'n ffitio'n berffaith!'

Ddwyawr yn ddiweddarach, ar ôl i Beca fynd i'w llofft i siarad efo Declan ar FaceTime, a thra oedd gweddill y criw ifanc drws nesa yn chwarae ar y Playstation, gallai Elin ymlacio o'r diwedd. Penderfynodd gael gwydraid bach o Baileys – fyddai hi ddim yn yfed yn aml bellach, a'r Nadolig oedd yr unig adeg o'r flwyddyn y byddai hi'n prynu potel o'r ddiod hufennog. Doedd hi ddim wedi prynu unrhyw alcohol i'w gadw yn y tŷ ers dwy flynedd tan rŵan, ystyriodd, wrth dywallt peth o'r wisgi Cymreig roedd wedi'i brynu i'w thad, i Rhys. Roedd yn gas ganddi wisgi, a methai'n lân â deall sut roedd neb yn mwynhau'r profiad o yfed hylif oedd yn llosgi'r llwnc, ond roedd rhywbeth arbennig yn digwydd i wisgi pan oedd hufen yn cael ei ychwanegu ato, a'r llosgi yn troi'n fwytho.

'Dach chi isio diod, Dad?' gofynnodd wrth roi'r caead yn ôl ar y botel.

'Shhh!' sibrydodd Rhys. 'Sbia – Siôn a Sian o bopty'r tân!' Amneidiodd at Alun, oedd yn pendwmpian yn braf yn ei gadair a Taffi'n gorwedd ar draws ei draed. Gyferbyn â fo yn y gadair arall roedd Megan hithau'n pendwmpian, a sŵn chwyrnu ysgafn yn dod o'i gwefusau cochion. Dotiai Elin at y ffaith fod Megan wastad yn gwisgo lipstig, er ei bod bron â chyrraedd ei phedwar ugain. Fyddai hi byth yn mynd i unman heb goluro'i hwyneb a sicrhau bod pob blewyn o'i gwallt yn ei le. Hyd yn oed rŵan, a hithau'n cysgu'n gegagored, gallai Elin weld ei bod yn ddynes dlos yn ei hieuenctid.

Rhoddodd Elin y gwydr wisgi i Rhys ac eistedd wrth ei ochr ar y soffa. Cribodd ei bysedd drwy ei gwallt, gan ystyried bod golwg y diawch arni bellach – doedd hi ddim wedi cael munud i roi ei cholur, nac wedi ystyried gwneud hynny chwaith, a dweud y gwir. Fel petai o'n darllen ei meddwl plygodd Rhys tuag ati a rhoi cusan sydyn ar ei boch.

'Ti'n edrych yn lyfli,' sibrydodd.

Edrychodd Elin yn syn arno. 'Ydw i?' sibrydodd yn ôl. 'Dwi ddim yn teimlo felly!'

'Wel, mi wyt ti,' meddai Rhys. 'Mae'r lliw coch tywyll 'na yn dy siwtio di.'

Edrychodd Elin i lawr ar ei siwmper oedd â llun mawr o bwdin Dolig ar y blaen. 'Diolch,' chwarddodd, 'ond dwi ddim yn meddwl y bydda i'n gwisgo llawer ar hon!'

Tinciodd ei gwydr yn erbyn ei wydr o. 'Dolig llawen,' meddai, 'a diolch i ti am bob dim.'

'Diolch i *chdi*! Ti 'di helpu i wneud y Dolig yn un arbennig i'r hogia ... fel y gelli di fentro, tydi'r cyfnod yma o'r flwyddyn ddim yn hawdd ers iddyn nhw golli eu mam. Ond maen nhw wir wedi wedi mwynhau cael dod yma atoch chi.'

Closiodd Elin mor agos ag y meiddiai ato a sipian y ddiod felys. Teimlodd ei hun yn cynhesu drwyddi wrth i'r gwirod lithro i lawr ei gwddw a dechreuodd ei meddwl grwydro. Sut fyddai orau i ddweud wrth y plant am ei pherthynas hi a Rhys? Ceisiodd ddychmygu eu hymateb, gan obeithio y byddai'n gadarnhaol. Roedd hi'n amau y byddai meibion Rhys yn hapus – hyd yn oed Dewi, oedd wedi'i chael yn anodd gweld dynes arall yn An Teach Ban dros yr haf. Ond roedd hi'n fwy anodd dyfalu beth fyddai ymateb ei merched ei hun. Roedd Moli'n fwy o fabi Dad na'i chwaer – beryg mai hi fyddai'n cymryd y newyddion waethaf, yn enwedig gan ei bod hi'n dal i obeithio y byddai ei rhieni'n cymodi. Beryg fod Rhys yn iawn, meddyliodd – gwell fyddai gadael y gath allan o'r cwd.

Torrwyd ar ei myfyrdod gan sŵn ei ffôn yn canu. Pwy goblyn fyddai'n ffonio mor hwyr ar noson Dolig, meddyliodd, gan godi i chwilio am y teclyn cyn i'w sŵn ddeffro Alun a Megan. Cydiodd ynddo a mynd i'r gegin i edrych ar y sgrin. Elfed! Suddodd ei chalon. Bu bron iddi â gwrthod yr alwad, ond penderfynodd ei hateb gan wybod ei fod yn byw yn ddigon agos i ddod yno atyn nhw petai'n dewis gwneud hynny.

'Be ti isio, Elfed?' brathodd, gan amau'n syth ei fod wedi bod yn yfed, rhywbeth roedd hi wedi bod yn hanner ei ddisgwyl.

'Elin, dwi mor sori 'mod i'n dy ffonio di, ond wn i ddim at bwy arall i droi – a do'n i ddim isio poeni'r genod ...'

Gwyddai Elin yn syth o dôn ei lais fod rhywbeth yn bod, a thorrodd ar ei draws. 'Be sy?'

'Dwi 'di cael damwain ... agor fy llaw wrth drio agor tun corn bîff ...'

'Pam ddiawl oeddat ti'n trio agor tun corn bîff yr adeg yma o'r nos?'

'Isio bwyd o'n i, 'de! Mae 'na waed ym mhob man a dwi'n meddwl 'mod i angen pwytha.'

Ochneidiodd Elin. Tybiai fod gan y gwasaneth ambiwlans ddigon ar eu plât, o ystyried y dyddiad, a daeth i'r casgliad y byddai'n rhaid iddi hi fynd â fo i'r ysbyty.

'Lapia gadach rownd dy law a'i dal hi i fyny, ac mi ddo i draw rŵan,' meddai wrth ymbalfalu am ei chôt yn y cwpwrdd. 'A gwna'n siŵr fod y cadach yn un glân!' Diffoddodd y ffôn a throi i wynebu Rhys, oedd wedi dod ar ei hôl i'r gegin. 'Blydi Elfed,' eglurodd. 'Mae o wedi agor'i law ac angen pwythau. Mi fydd yn rhaid i mi fynd â fo i'r 'sbyty.'

'Does 'na neb arall fedar fynd â fo?'

'Nag oes, debyg, neb sy'n byw mor agos â fi.' Gafelodd yng ngoriadau ei char. 'Lwcus mai dim ond tropyn o'r Baileys 'na ges i.'

'Wyt ti isio i mi ddod efo chdi?'

'Na, mae'n iawn, diolch i ti. Sori am hyn. Wnei di esbonio i Dad a'r genod lle dwi 'di mynd? Deuda wrthyn nhw nad ydi o'n ddim byd mawr – dwi ddim isio iddyn nhw boeni.' Rhoddodd gusan sydyn iddo cyn mynd allan i oerni'r nos.

Roedd Elfed yn sefyll yn nrws Godre'r Foel yn disgwyl amdani. Gallai Elin weld yng ngolau'r portsh fod ei wyneb fel y galchen. Roedd cadach llestri am ei law a hwnnw'n goch gan waed. Tynnodd y drws ynghau a cherdded yn sigledig tuag at y car.

'Ti 'di bod yn yfed?' Saethodd Elin y cwestiwn ato gan deimlo'i thymer yn decrhau mudferwi eto.

'Naddo! Wir i chdi!' taerodd Elfed.

Rhoddodd Elin y car mewn gêr a phwyso'i throed i lawr yn galed ar y sbardun. 'Pam oeddat ti'n siglo ar ben dy draed rŵan, 'ta?'

'Dwn i'm ... dwi mewn sioc, ma' siŵr, yn tydw. Dwi 'di colli lot o waed 'sti,' atebodd, gan bwyso'n ôl yn erbyn cefn y sedd. 'A dwi mewn blydi poen!'

'Sut wnest ti beth mor wirion?' gofynnodd Elin, gan ei chael hi'n anodd cydymdeimlo. Roedd llais bach yn ei phen yn amau ei fod wedi brifo'i hun yn fwriadol – er mwyn cael sylw? Er mwyn difetha ei noson Dolig hi?

'Y goriad bach gwirion 'na dorrodd. Roedd yn rhaid i mi iwsio *tin opener* ac mi lithrodd y bali peth ac mi a'th ochor finiog y tun i mewn i fy llaw i.'

Doedd Elin ddim yn cofio iddo erioed agor tun corn bîff yn ei fywyd o'r blaen. Yn sicr, wnaeth o erioed goginio pryd bwyd tra bu hi'n byw efo fo. Hi oedd yn gyfrifol am y gegin a phopeth ynddi – dyna'r rôl y llithrodd hi iddi pan briododd y ddau ddwy flynedd ar bymtheg ynghynt. Dechreuodd deimlo trueni drosto.

'Ydi o'n ddwfn?' gofynnodd yn dawel.

'Ydi, mae o. Mae'r gegin yn edrach 'fatha rwbath allan o ffilm Quentin Tarantino.'

Fedrai Elin ddim peidio â gwenu wrth glywed y disgrifiad dramatig, ond pwysodd ei throed i lawr yn galetach ar y sbardun rhag ofn nad oedd o'n gor-ddweud. Wrth lwc, gan fod y rhan fwya o'r trigolion lleol adref yn gwylio'r teledu, cysgu, ffraeo, yfed a bwyta, roedd y ffordd yn glir a'r siwrne'n fyrrach nag arfer.

Gollyngodd Elin ochenaid hir pan welodd y prysurdeb y tu mewn i'r Adran Ddamweiniau.

'Dyma pam roedd y lonydd mor ddistaw,' cwynodd. 'Mae pawb yn fama!'

'Sori am hyn, Elin,' meddai Elfed wrth fynd i sefyll yn y ciw i gyrraedd y dderbynfa. 'Dos di i ista.'

'Na, mi arhosa i efo chdi,' atebodd, gan sylwi ei fod dal yn welw. 'Mi fasa'n anodd dod o hyd i sedd beth bynnag.'

Edrychodd ar y neges oedd yn fflachio ar y sgrin uwch ei phen: *Waiting time approx 4 hours.* Grêt. Ystyriodd droi am adref ac addo dod yn ôl i gasglu Elfed pan fyddai'n barod, ond penderfynu aros wnaeth hi, o deryngarwch i'r blynyddoedd hapus o briodas gawson nhw cyn i'r craciau ymddangos.

Llwyddodd y ddau i gael sedd un bob ochr i deulu swnllyd – gŵr a gwraig canol oed oedd yn amlwg wedi cael un neu ddau o sieris yn ormod, a thri o blant yn eu harddegau. Ceisiodd Elin ddyfalu pwy oedd y claf gan nad oedd dim byd amlwg i weld yn bod ar yr un ohonynt, ac ar ôl tri chwarter awr galwyd enw Elfed i fynd i weld y nyrs *triage*. Dechreuodd Elin godi ond trodd Elfed ati.

''Sdim rhaid i ti ddod i mewn efo fi, 'sti.'

Eisteddodd yn ei hôl yn ddiolchgar – doedd hi ddim yn grêt efo gwaed – ac roedd hi wedi dechrau pendwmpian erbyn iddo ddod yn ei ôl. Sylwodd fod y teulu swnllyd wedi gadael heb iddi hyd yn oed gael gwybod pwy oedd y claf.

'Gest ti bwythau?'

'Naddo. Mae'r nyrs am i mi weld y doctor rhag ofn 'mod i wedi torri'r nerf,' atebodd gan eistedd wrth ei hochr.

'Torri nerf?' ailadroddodd Elin. 'Rargian, ma' raid ei fod o'n anaf dwfn.'

'Ddeudis i wrthat ti bod 'na lot o waed.'

Wrth i'r munudau lusgo heibio, ystyriodd Elin sut roedd modd gwneud cymaint o niwed efo tun corn bîff, a hynny'n ddamweiniol. Edrychodd ar ei watsh: hanner awr wedi un ar ddeg. Beryg bod ei theulu yn eu gwlâu erbyn hyn, meddyliodd, a Rhys yn ôl drws nesa. Roedd hi wedi gyrru tecst ato i esbonio na fyddai hi'n debygol o fod adref cyn hanner nos. Wrth ei hymyl, roedd Elfed yn ymddwyn fel petai'r ddau ohonyn nhw'n dal efo'i gilydd ac yn gwneud ei orau glas i gynnal sgwrs efo hi – ac roedd hynny'n ei chorddi'n fwy byth. Ysai i ofyn iddo sut roedd o wedi medru bod mor hael efo'i anrhegion Nadolig i'r genod, ond gwyddai nad dyma'r lle na'r amser i drafod hynny. Roedd Rhys a'r hogia'n dychwelyd i Iwerddon y pnawn canlynol, ac roedd hi'n gwarafun gorfod treulio ei hamser prin yng nghwmni Elfed yn hytrach na bod adref efo Rhys. Dyn a ŵyr pryd y câi gyfle i'w weld eto.

Roedd hi'n un o'r gloch y bore arni'n cyrraedd Godre'r Foel. Ni symudodd Elfed o'i sedd. 'Diolch,' meddai. 'Sori am ddifetha dy noson di.' Arhosodd Elin yn fud, yn disgwyl iddo adael y car. 'Ddoi di i mewn am funud?'

Trodd Elin i edrych arno. 'I be ddiawl 'swn i'n dod i mewn? Mae hi wedi un y bore – dwi jest isio mynd i 'ngwely,' cyfarthodd.

Dal i eistedd wnaeth Elfed. 'Mi wyt ti *yn* coelio nad ydw i wedi bod yn yfed, yn dwyt?'

'Ydw.'

'Wna i byth yfed eto. Dwi wedi newid.'

'Da iawn. Dwi'n falch.' Roedd hi'n golygu hynny – roedd o'n dad i'w phlant ac mi oedd hi wir eisiau iddo fo sortio'i hun allan a bod yn hapus, er mwyn y genod.

'Dwi'n colli chdi 'sti, Elin,' meddai Elfed mewn llais crynedig.

Dechreuodd Elin deimlo'n annifyr a chynyddodd ei hawydd i'w gael o allan o'i char. 'Nos dawch rŵan, Elfed,' meddai. 'Dos i dy wely.'

Plygodd Elfed ei ben a chrymodd ei ysgwyddau, a sylwodd Elin ei fod yn crio.

'Ty'd rŵan, paid â dechra ...'

Estynnodd Elfed am ei llaw a gafael ynddi'n dynn. 'Plis ty'd adra, Elin. Plis!' erfyniodd.

Tynnodd Elin ei llaw i ffwrdd. 'Na, Elfed. 'Dan ni 'di bod drwy hyn. Dwi'n sori, dwi wir yn sori, ond ma' raid i ti dderbyn bod ein priodas ni drosodd,' meddai'n bendant.

Cododd Elfed ei lais. 'Plis ... mi wna i rwbath ...'

Torrodd Elin ar ei draws. 'Os na ei di allan o'r car 'ma rŵan, mi a' *i* allan a cherdded adra.' Gafaelodd yn nolen y drws a dechrau ei agor, ond pwysodd Elfed ymlaen i'w rhwystro. Roedd ei bwysau'n ei dal yn gaeth i'w sedd a theimlodd don o banig yn codi y tu mewn iddi.

Neidiodd y ddau pan glywsant gnoc ar ffenest y car. Eisteddodd Elfed yn ôl yn syth a phwysodd Elin y botwm i agor y ffenest.

'Ydach chi'n iawn eich dau?' meddai llais o'r gwyll.

'Dad!' meddai Elin mewn syndod, yn hynod falch o glywed ei lais. 'Jest gollwng Elfed adra o'n i. Be dach chi'n da allan yr adeg yma o'r nos?'

Agorodd Elfed y drws a chamu tuag at y tŷ, gan weiddi ei ddiolch dros ei ysgwydd.

'Y ci 'cw oedd yn cyfarth isio mynd allan, felly mi es i â hi i'r ardd ffrynt a gweld dy gar di'n pasio ... ydi Elfed yn iawn?'

'Ydi,' atebodd. 'Dewch i mewn i'r car, Dad bach, ma' hi'n rhy hwyr i chi fod yn crwydro'r strydoedd.'

Pennod 5

Chwefror
Gwyliau Hanner Tymor

Pwysai Beca dros reilen y llong fawr.

'Paid â gwneud hynna! Ti'n 'y ngwneud i'n nerfus!' galwodd Elin arni.

Trodd Beca i wynebu ei mam, ei gwallt cyrliog tywyll yn hedfan o amgylch ei hwyneb yn y gwynt. Roedd y ddwy'n sefyll ar ddec y fferi i Iwerddon yn gwylio'r tonnau byrlymus ac yn edrych ymlaen at weld yr Ynys Werdd yn dod i'r golwg.

''Sdim rhaid i ti ddod efo fi bob tro dwi'n mynd i weld Decs, 'sti,' atebodd Beca. 'Dwi'n ddigon 'tebol i ffendio fy ffordd o'r cwch i mewn i Ddulyn ac ymlaen i Knockfree heb fynd ar goll, na chael fy herwgipio! A beth bynnag, ma' tad Decs 'di deud y bysa fo'n dod i fy nôl i oddi ar y fferi, a dwi'n siŵr y bysa Liam yn gwneud hefyd tasa hi'n dod i hynny.'

'Mi wn i, cariad, a dwi'n sylweddoli dy fod ti'n un ar bymtheg rŵan.' Roedd ei merch wedi ei hatgoffa hi o hynny hyd syrffed, cofiodd Elin. 'Ond fy hogan bach i wyt ti o hyd ac mae dinas fawr fel Dulyn mor ... wel, mor fawr! A brawychus hefyd i *country bumpkins* fel ni.'

'Siarada di drostat ti dy hun! Dwi'n licio'r *buzz* sy mewn dinasoedd. Dwi'n edrych 'mlaen at fynd i brifysgol i mi gael byw mewn un.'

Doedd Elin ddim eisiau meddwl mor bell â hynny ymlaen. Ysai am gael cadw ei merch yn glòs cyn hired â phosib. Dim ond dwywaith roedd Beca wedi bod draw yn Iwerddon ers gwyliau'r haf – i dreulio wythnos hanner tymor yr hydref yn An Teach Ban efo Elin a Moli, ac am ddiwrnod i Ddulyn efo'i mam ym mis Rhagfyr, pan dreuliodd hi'r diwrnod efo Declan tra oedd Elin yn siopa Dolig. Wnaeth Elin ddim llawer o siopa Dolig mewn gwirionedd – yn hytrach, bu'n treulio'i hamser efo Rhys yn ceisio osgoi unrhyw lefydd y buasai'r ddau gariad ifanc yn debygol o fynd, ac yn teimlo fel rhyw gymeriadau rhamantus mewn ffilm.

Heddiw roedden nhw'n mynd i aros yn An Teach Ban gan ei bod yn hanner tymor, ond dim ond am bedwar diwrnod yn hytrach nag wythnos gyfan am fod angen i Beca dreulio gweddill ei hamser ar ei gwaith ysgol a hithau'n sefyll ei harholiadau TGAU ymhen ychydig fisoedd. Roedd Elin wedi poeni y byddai'r garwriaeth wedi tynnu ffocws Beca oddi ar ei hastudiaethau, ond roedd hi'n dal i gymryd ei haddysg o ddifri. Er mawr ryddhad i Elin, fodd bynnag, doedd hi ddim yn gwneud ei hun yn sâl wrth boeni fel y gwnaeth adeg ei harholiadau yr haf cynt.

'Dyma hi! Yr Ynys Werdd!' meddai Beca'n gyffrous wrth bwyntio at y gorwel. 'Er, yr Ynys Lwyd ddylian nhw ei galw hi ar ddiwrnod fel heddiw!'

'Mis llwyd ydi mis Chwefror ym mhob man,' sylwodd Elin, oedd yn teimlo'r un cyffro â'i merch. Roedd yn gas ganddi fis Chwefror fel arfer – hen fis oer a diflas ar ddiwedd gaeaf hir, heb ddim i edrych ymlaen ato ond ei ddiwedd – ond eleni roedd pethau'n wahanol, a bu'n cyfri'r dyddiau nes y gwelai hi Rhys. Bodiodd y fodrwy oedd ar gadwyn o gwmpas ei gwddw, o'r golwg dan ei siwmper, a'i throelli rhwng ei bysedd.

Wrth gerdded drwy derminws y fferi clywodd Elin rywun yn galw'i henw. Edrychodd i gyfeiriad y llais a gweld Rhys yn chwifio arni.

'Rhys!' galwodd. 'Sbia, Beca, mae Rhys yma!'

Gafaelodd yn llaw ei merch a'i thynnu ar ei hôl, gan wthio drwy'r dorf tuag ato. Safodd y ddau'n lletchwith am eiliad, yn gwenu'n wirion ar ei gilydd. Rhoddodd Rhys goflaid sydyn iddi cyn troi ei sylw at Beca a chymryd ei bag oddi arni.

'Dyma syrpréis,' meddai Elin. 'Sut wnest ti lwyddo i ddenig o'r gwaith?'

'Doedd hi ddim yn brysur heddiw – mae'n gaddo tywydd

mawr, ac ro'n i'n meddwl y byswn i'n dod i'ch nôl chi yn lle'ch bod chi'n gorfod disgwyl am fysys yn y glaw.'

'Diolch, Yncl Rhys, dach chi'n ffeind,' meddai Beca.

'Ia, diolch,' meddai Elin, oedd yn cwffio'r ysfa i roi clamp o sws iddo. Mi fyddai hi wedi hoffi dod â'r car drosodd, a fyddai wedi golygu y gallai fod wedi gyrru oddi ar y fferi a chyrraedd Knockfree mewn chydig dros dri chwarter awr, ond byddai hynny wedi costio deirgwaith cymaint â thocynnau i ddau deithwr ar droed.

'Sut mae Moli?' gofynnodd Rhys wrth i'r tri gerdded tuag at y maes parcio.

'Wel, rhyw hanner difaru nad oedd hi'n dod efo ni oedd hi pan adawon ni ben bora 'ma, ond ma' siŵr y bydd hi'n iawn erbyn hyn, a hitha ar ei ffordd.'

Roedd Moli wedi dewis gwario peth o'r arian a gafodd gan ei thad yn anrheg Nadolig i dalu am drip penwythnos efo tîm pêl-droed merched yr ysgol, a oedd wedi cael cynnig gêm yn erbyn tîm merched yn y Drenewydd, a chyfle i weld tîm merched Cymru yn ymarfer. Pêl-droed oedd diddordeb mawr Moli ar y funud, ac roedd hi'n un o sêr tîm yr ysgol, oedd yn plesio'r thaid – yr unig gefnogwr pêl-droed yn y teulu – yn fawr.

Estynnodd Beca am ei ffôn i decstio Declan i ddweud y byddai'n cyrraedd Knockfree yn gynt na'r disgwyl.

'Drycha lle ti'n mynd wir, Beca bach,' galwodd Elin arni, 'mae 'na geir o dy gwmpas di.'

Anwybyddodd Beca hi, gan ganolbwyntio'n llwyr ar ei neges.

'Mae'r bobl ifanc 'ma i gyd 'run fath,' meddai Rhys. 'Dwi wedi gweld rhai'n tecstio tra maen nhw'n reidio beic, hyd yn oed!' ychwanegodd, a'i dôn yn awgrymu ei fod yn eu hedmygu am fedru gwneud y fath beth.

'Hmm,' myfyriodd Elin.

Wrth i gar Rhys droi i fyny'r trac llwyd at An Teach Ban a dechrau dringo at y ffermdy mawr gwyn, daeth teimlad cynnes dros Elin, er gwaetha'r ffaith ei bod newydd ddechrau bwrw glaw. Chwythai'r gwynt y coed bob ochr i'r ffordd nes roedden nhw'n moesymgrymu eu croeso i'r ymwelwyr. Wrth basio'r byngalo ar dir y fferm lle roedd Betty Dolan, mam-yng-nghyfraith Rhys, a Kevin, ei mab, yn byw sylwodd Elin fod llenni ffenest yr ystafell fyw yn symud, a chododd ei llaw.

'Betty *on duty* dwi'n gweld,' meddai, 'yn dal i gadw llygad ar unrhyw fynd a dod!'

'O, mi fydd hi wedi ffeindio esgus i bicio i fyny i fusnesa cyn hir, siŵr o fod,' meddai Rhys, cyn gostwng ei lais fel na allai Beca ei glywed o'r sedd gefn. 'Well i mi dy rybuddio di: ma' hi wedi clywed rywsut dy fod ti'n cael ysgariad, a ... wel, tydi hi ddim yn hapus.'

'Tydi hynny ddim yn syndod, o ystyried y ffaith ei bod hi'n Gatholig i'r carn. Er, dwn i'm be sy gan y peth i'w wneud efo hi, chwaith,' meddai Elin, gan drio dyfalu sut y cyrhaeddodd y newyddion mor sydyn. Newydd ddweud wrth Elfed a gweddill ei theulu ei bod wedi dechrau'r broses o ysgaru oedd hi, ac yn ôl y disgwyl doedd Elfed ddim wedi ymateb yn gadarnhaol i'w chais. Roedd o hyd yn oed yn fwy anfodlon pan eglurodd wrtho ei bod eisiau i'r broses fod yn un sydyn, a'i bod yn ei ysgaru ar sail ei ymddygiad afresymol yn hytrach na chydsynio i wahanu am ddwy flynedd ac ysgaru wedyn.

Doedd y newyddion ddim wedi synnu ei thad, wrth gwrs, na Beca, ond anghofiai Elin fyth sut y bu i wyneb Moli ddisgyn, a'r dagrau mawr yn rowlio'n dawel i lawr ei bochau. Roedd hi dal i deimlo brath o euogrwydd pan feddyliai am y peth, er nad ei bai hi yn unig oedd y sefyllfa.

'Dyma ni!' datganodd Rhys gan barcio wrth ochr y tŷ. 'Croeso'n ôl, a sori am y glaw!'

'Mae o'n gwneud i ni deimlo'n gartrefol, beth bynnag!' chwarddodd Elin, gan godi cwfl ei chôt a rhedeg am y drws cefn gan osgoi'r pyllau dŵr ar y buarth. Fel roedd hi'n ei gyrraedd, agorodd y drws a saethodd ci mawr coch allan a neidio arni. Roedd Flynn, cyfuniad o Labrador a Red Setter, yn gyffro i gyd, a'i gynffon yn chwipio'i choesau.

'Flynn! Lawr!' gwaeddodd Dewi o'r gegin.

'Dos! gwaeddodd Elin arno, gan ei wthio o'r neilltu er mwyn cyrraedd y tŷ.

Symudodd y ci yn ei flaen i ddawnsio'i groeso i Beca, gan neidio arni hithau. Arhosodd Beca'n llonydd gan ddal ei breichiau o flaen ei hwyneb – roedd hi'n dal i fod ychydig yn ofnus o'r ci, er ei bod yn llawer mwy cyfforddus yn ei gwmni nag yr oedd pan gyfarfu'r ddau gyntaf.

'Lawr!' meddai llais dwfn y tu ôl iddi. Dim ond unwaith roedd yn rhaid i Rhys alw a byddai'r ci yn gwrando'n syth. Camodd Elin i'r gegin fawr gartrefol a gollwng ei bag wrth y drws.

'Www, mae'n gynnes braf yma,' meddai, gan glosio at yr Aga. 'Sut wyt ti, Dewi?'

Am eiliad ystyriodd roi coflaid i'r llanc ond penderfynodd beidio, gan gofio nad oedd o wedi bod yn gwbl gyfforddus yn ei chael hi, y ddynes gyntaf i dreulio amser ar ei aelwyd ers marwolaeth ei fam, yn An Teach Ban dros yr haf. Ar ddiwedd y pum wythnos o wyliau roedd eu perthynas yn llawer gwell, a gallai ddweud ei bod hi a meibion Rhys wedi dod yn dipyn o ffrindiau bellach. Ond er hynny roedd hi'n dal i droedio'n ofalus o gwmpas Dewi, a doedd hi ddim am siglo'r cwch.

'Iawn, diolch,' atebodd y bachgen. 'Prysur.'

'O? Roedd dy dad yn deud ei bod hi'n reit ddistaw yma heddiw?'

'Iawn, Dewi?' meddai Beca oedd wedi llwyddo i ddod heibio i Flynn.

'*Aye*, chdi?'

'Ar *kitchen duties* mae Dewi heddiw, yntê Dews?' eglurodd Rhys.

'*Aye*,' meddai'r llanc eto, gan droi ei olygon tuag at yr Aga.

'Ro'n i'n meddwl bod 'na ogla da yma,' meddai Elin, gan sylwi ei bod hi bron yn un o'r gloch a hithau ar lwgu.

'Lasagne,' medda Dewi gan agor drws y popty. '*Home made.*'

'*Home made!*' ailadroddodd Elin gyda gwên, gan ddeall ystyr y pryd – hi ddysgodd y bechgyn sut i neud lasagne yr haf cynt.

'Mae o'n barod,' cyhoeddodd Dewi, gan dynnu'r ddysgl fawr o'r popty a'i gosod ar ganol bwrdd y gegin, oedd eisoes wedi ei osod i chwech.

'Ac mae o'n edrych yn fendigedig!' edmygodd Elin. Rhoddodd Dewi ei ben i lawr yn swil a throi at yr oergell.

'Ga i wneud rwbath i helpu?' gofynnodd Elin.

'Na. *All under control*, diolch,' atebodd y llanc wrth estyn powlen fawr o salad.

Roedd Beca eisoes wedi tynnu'i chôt ac eistedd wrth y bwrdd.

'Dwi'n starfio,' meddai.

'Dos i gadw dy betha yn y llofft gynta,' meddai Elin wrthi.

'Ooo!' cwynodd. 'Ga i wneud ar ôl bwyd?'

'Ty'd â nhw yma 'ta, ac mi wna i bicio â nhw'n sydyn.'

'Dos di â dy betha di, ac mi garia i rai Beca,' cynigiodd Rhys gan afael yn y bagiau.

Cyn gynted ag y camodd Elin a Rhys i'r ystafell wely ffrynt lle roedd Megan yn aros pan ddeuai draw, a lle arhosodd Elin y llynedd, caeodd Rhys y drws gyda'i droed, gollwng y bagiau a gafael yn dynn amdani. Rhannodd y ddau gusan hir. Tynnodd Rhys yn ôl o'r gusan gan wenu.

'Helô!' meddai.

'Helô!' meddai hithau'n ôl.

'Dwi mor falch o dy weld di.'

'A finna chditha.'

Anwylodd Rhys ei hwyneb â'i law. 'Wyt ti'n siŵr mai fama wyt ti am gysgu?'

Nodiodd Elin. 'Un cam ar y tro, ia?'

'Iawn,' cytunodd Rhys, er bod ei ystum yn awgrymu mai gwneud hynny'n anfoddog roedd o. 'Un cam ar y tro. Ond mi ydan ni'n mynd i ddweud wrth pawb y penwythnos yma, tydan?' Oedodd Elin cyn ateb. Roedd hi wedi cytuno i gyhoeddi eu bod mewn perthynas y penwythnos hwn, bythefnos ar ôl iddi gychwyn ar y broses o ysgaru. Ond gwyddai y byddai'r newyddion yn siŵr o godi cwestiynau – yn bennaf y cwestiwn a oedden nhw am gyd-fyw, ac ymhle. Ac roedd hi am fod yn hollol sicr o'i hateb i'r cwestiwn hwnnw cyn i neb ei ofyn.

'Wyt ti'n meindio tasan ni'n aros tan ddydd Mawrth?' gofynnodd iddo. 'Dwi ddim am i Moli glywed gan neb heblaw fi, ac mi fydda i adra i ddweud wrthi ddydd Mercher.' Edrychai Rhys yn siomedig, ond cytunodd serch hynny. Gwasgodd Elin ei law. 'Dwi'n dy garu di 'sti,' meddai.

Gwenodd Rhys a'i gwasgu ato'n dynnach fyth. Doedd disgrifio'i deimladau mewn geiriau ddim yn dod yn hawdd iddo, ond deallai Elin ei neges.

'Ty'd,' meddai. 'Well i ni fynd i lawr neu mi fydd y plant yn methu dallt lle ydan ni.'

Pan gerddodd Elin yn ôl i'r gegin roedd yr ystafell yn edrych yn llawer llai gan fod tri pherson newydd gerdded i mewn o'r glaw yn wlyb at eu crwyn. Pádraig oedd y lleiaf gwlyb gan mai dim ond o'r caban, oedd yn cael ei ddefnyddio fel siop a derbynfa, roedd o wedi dod, ond roedd Liam a Kevin – oedd wrthi'n diosg eu dillad glaw a'u gosod ger yr Aga i sychu – yn socian. Newidiodd y ddau i'r gynau gwisgo oedd yn hongian y tu ôl i'r drws, yn barod at ddyddiau fel heddiw. Cafodd 'helô' a gwên gan y ddau ifanc, ond camodd Kevin tuag ati a'i chofleidio.

'Well, here's the beautiful Elin, looking younger than she did the last time I saw her!' meddai.

Chwarddodd Elin. 'Kevin! Still the charmer, I see. It's good to see you. How are you?'

'Still chasing the girls ... still hasn't caught one!' atebodd Rhys ar ei ran.

Edrychodd Elin i fyw llygaid Kevin. Yn ystod gwyliau'r haf roedd hi wedi darganfod cyfrinach fawr Kevin ond roedd yn amlwg nad oedd o wedi ei rhannu â Rhys, na neb arall, debycaf.

Trodd Kevin i ffwrdd. 'I hear we've got a special lunch today, have we?' meddai. 'Good! We need more sandwiches to keep us going when it's blowing a hooley like today!'

Gan fod Rhys, Kevin a Liam yn arwain teithiau beicio, roedd hi'n arferiad iddynt gael cinio go dda ganol dydd. Roedd reidio beic drwy'r dydd yn llosgi llawer o galorïau ac yn egluro'r ffaith nad oedd owns o fraster ar yr un o'r tri, a lliw eu croen yn arwydd eu bod yn gweithio yn yr awyr agored. Roedd y tri mor ffit â'i gilydd er gwaetha'r gwahaniaeth oed: Liam yn 19, Kevin yn 37 a Rhys yn 49.

Eisteddodd Elin wrth y bwrdd. 'Surely no one will come this afternoon? Not in this weather?'

'Well, when people have booked ahead and come from afar they'll usually try, but we have to tell them that it's at their own risk,' atebodd Kevin.

'Gawson ni bobl o America wsnos dwytha,' meddai Pádraig. 'Wedi bwcio ers mis ac yn aros yn y byncws, ac mae 'na rai o Seland Newydd yn dod wsnos nesa!'

'But we have no-one booked this afternoon so I doubt anyone will come,' meddai Kevin, oedd wedi hen arfer clywed y Gymraeg yn cael ei siarad ar ei draws.

'Dach chi'n meddwl y byswn i'n cael benthyg beic i fynd draw i dŷ Declan?' gofynnodd Beca i Rhys.

'Rargian, dwyt ti ddim yn mynd allan ar feic yn y tywydd yma, siŵr,' protestiodd ei mam. ''Dan ni'n gwybod pa mor beryg y gall beic fod, yn tydan!'

'O, does dim angen i chi ddal i sôn am hynna, Mam!' meddai Beca yn flin. Doedd hi ddim yn hoffi cael ei hatgoffa o'r ddamwain gafodd hi ar ddiwrnod ola'u gwylia haf pan fentrodd ar daith feics oedd yn rhy anodd iddi – hedfanodd dros yr *handlebars* a thorri pont ei hysgwydd, oedd bellach wedi mendio'n llwyr.

'Gan nad ydan ni'n brysur, ga i bicio â hi yn y car, Dad?' gofynnodd Liam.

'Syniad da! Tydan ni ddim isio cadw'r cariadon oddi wrth ei gilydd funud yn hwy nag sydd raid,' pryfociodd Rhys.

Cochodd Beca at ei chlustiau a mwmial ei diolch.

Ar ôl gorffen bwyta eisteddodd Elin yn ei hôl ac edrych o amgylch y bwrdd: ar Liam a Beca yn sgwrsio'n hamddenol, ar yr efeilliaid yn cecru yn ôl eu harfer, ac ar Rhys a Kevin yn cynllunio beth i'w wneud am weddill y prynhawn. Gorweddai pen Flynn ar lin Rhys fel petai'n gwrando ar bob gair, tra oedd Rhys yn chwarae efo'i glustiau'n ddifeddwl. Teimlai Elin yn fodlon a chartrefol, ond a allai An Teach Ban fod yn gartref iddi? A allai alw'r lle yn adra? Byddai'n rhaid iddi benderfynu hynny yn y dyddiau nesa. Cododd i ddechrau clirio'r llestri.

Pennod 6

Gwawriodd y bore Sul yn llwm a llwyd – diwrnod perffaith i swatio yn y tŷ o flaen y tân. Ond nid dyna oedd y drefn yn An Teach Ban.

'Ro'n i'n meddwl bod dydd Sul i fod yn ddiwrnod o orffwys!' cwynodd Pádraig wrth lusgo llwyth o ddillad gwely gwlyb o'r peiriant golchi i'r peiriant sychu.

'Dim ond os wyt ti'n mynd i'r eglwys,' eglurodd ei dad. 'Croeso i ti fynd yno efo Granny os leci di.'

Caeodd hynny geg y llanc a throdd yn ôl at ei waith yn ddistaw. Doedd Rhys ddim yn arddel unrhyw grefydd, felly roedd hi wedi bod yn hawdd iddo adael i'r bechgyn droi eu cefnau ar yr eglwys Gatholig oedd mor bwysig i'w nain Betty. Rhoesai Roisin y gorau i fynd i'r eglwys pan oedd Rhys a hithau'n byw yn Nulyn – hawdd iddi oedd bod yn anhysbys mewn dinas fawr, heb Dad Catholig lleol i alw draw i holi am ei habsenoldeb o'r cwrdd. Wedi i'r teulu symud i An Teach Ban ar ôl i dad Roisin farw, er mwyn troi tir y fferm yn ganolfan feicio, bu dipyn o ffraeo rhyngddi hi a'i mam am grefydd. Roedd Roisin wedi cael ei dadrithio'n llwyr yn sgil un sgandal eglwysig ar ôl y llall a ddadorchuddiodd ochr dywyll, ragrithiol y ffydd y magwyd hi ynddi, ond glynu yn ei ffydd wnaeth Betty, gan wrthod credu dim ond yr hyn a glywai yn yr eglwys. Teimlai boen a chywilydd mawr nad oedd ei hwyrion yn mynd i addoli – rhywbeth roedd hi'n hapus i feio Rhys amdano pan drafodai'r peth â Father Macnamara a'i chyd-addolwyr.

Eisteddai Elin wrth fwrdd y gegin yn yfed paned o goffi, gan deimlo'n euog wrth wylio pawb arall yn brysur wrth eu gwaith. Roedd Rhys wedi mynnu y byddai heddiw yn ddiwrnod o wyliau iddi, ond doedd eistedd yn hamddena ddim yn dod yn hawdd.

Roedd Liam a Dewi yn glanhau'r byncws ar gyfer criw o ymwelwyr oedd yn cyrraedd y diwrnod canlynol. Agorwyd

Roisin's Bunkhouse, a gafodd ei greu drwy addasu un o hen adeiladau'r ffarm, y mis Awst cynt. Roedd ynddo ddwy ystafell wely oedd â lle i hyd at ddeuddeg o bobl aros, cyfleusterau ymolchi, cegin ac ystafell fyw ac ystafell olchi fechan.

Roedd y byncws yn agos at galon Elin gan mai hi sbardunodd Rhys i fwrw iddi i orffen y lle ar ôl i'r gwaith addasu ddod i stop yn dilyn marwolaeth Roisin. Cofiodd sut y bu iddi hi a'r genod weithio'n galed dros yr haf yn paentio, teilsio a gosod popeth yn ei le yn barod ar gyfer yr ymwelwyr cyntaf. Roedd hyd yn oed Alun, a biciodd draw i ddathlu pen blwydd Moli, wedi aros ymlaen i helpu. Dangosodd y cyfnod hwnnw iddi pa mor abl oedd ei merched, ond cywilyddiodd wrth feddwl eu bod wedi llitho'n ôl i'w hen ffyrdd cyn gynted ag yr aethant adref i Gymru. Prin iawn y byddent yn gwneud dim i'w helpu o gwmpas y tŷ. Roedd Elin yn cydnabod mai arni hi oedd y bai am hynny gan ei bod yn aml yn haws gwneud tasg ei hun na swnian arnyn nhw. Byddai'n rhaid i bethau newid petaen nhw'n dod yma i fyw, meddyliodd. Busnes teulu yng ngwir ystyr y gair oedd y busnes beicio a'r byncws, a phawb yn bwrw iddi i wneud eu siâr o'r gwaith. Roedd hyd yn oed Betty yn golchi dillad gwlâu y byncws.

Ymddangosodd Beca wrth ei hochr i'w llusgo o'i myfyrdod.

'Dwi'n edrych yn iawn fel hyn, Mam?' gofynnodd â thinc o nerfusrwydd yn ei llais.

Edrychodd Elin ar ei merch. Gwisgai ffrog hir las tywyll ac arni smotiau gwynion, a phâr o fŵts duon. Roedd ei gwallt trwchus wedi'i frwsio'n ôl a'i osod yn gocyn llac ar gefn ei phen. Roedd ambell gudyn cyrliog wedi dianc i fframio'i hwyneb, a oedd wedi ei goluro'n llawer mwy medrus nag y byddai Elin wedi medru ei wneud. Teimlodd lwmp yn codi yn ei gwddf – roedd ei merch fach bellach yn ddynes ifanc dlos, ac wedi cael gwahoddiad i gael cinio dydd Sul yng nghartref Declan. Hwn fyddai'r tro cyntaf iddi gyfarfod ei deulu, carreg filltir oedd yn dechrau cau'r drws ar ei phlentyndod. Ochneidiodd Elin.

'Mi wyt ti'n ddigon o sioe!' meddai.

Chwibanodd Rhys ei werthfawrogiad yntau cyn cael ei geryddu gan Pádraig.

'Dad!' ebychodd, cyn troi at y ferch ifanc. 'Sori, Beca.'

Edrychodd Rhys yn syn arno. 'Be wnes i?' gofynnodd.

'Tydi hi ddim yn iawn i ti chwibanu ar ferched y dyddia yma, siŵr!' atebodd Pádraig.

'Nac'di?' gofynnodd Rhys yn ddiddeall, gan giledrych ar Elin. Cododd hithau ei hysgwyddau.

'Well i mi fynd i ddeud wrth Liam 'mod i'n barod,' meddai Beca. 'Mae o wedi gaddo lifft i mi, yn lle 'mod i'n difetha'r bŵts 'ma wrth gerdded i'r pentre.'

'Chwarae teg iddo fo,' meddai Elin, gan ryfeddu pa mor feddylgar ac annwyl oedd Liam. Gobeithiai fod Declan yn gystal bachgen – mi fyddai'n rhaid ei wahodd draw i An Teach Ban, meddyliodd. Bu Beca'n swnian am iddo gael dod draw i Gymru ati hi, ond roedd y ffaith nad oedd lle yn nhŷ Alun wedi bod yn reswm cyfleus i wrthod. Doedd Beca, hyd yma, ddim wedi gofyn a gâi aros yng Ngodre'r Foel, a diolchodd Elin am hynny. Doedd yr un o'r ddwy wedi gofyn am gael mynd yno i aros at eu tad chwaith, oedd yn golygu na fu'n rhaid iddi wrthod gadael iddyn nhw fynd. Doedd hi ddim yn hapus i'w gadael nhw dros nos efo Elfed hyd nes ei bod yn gwbwl fodlon ei fod wedi stopio yfed – a dyna reswm arall pam nad oedd hi wedi rhoi ateb i Rhys parthed symud ato i Iwerddon. Petai hi'n dod yma'n barhaol byddai'n rhaid iddi dderbyn y bydden nhw'n mynd yn ôl i Gymru'n rheolaidd i aros ato. Gwyddai am blant oedd yn teithio o un pen i Gymru i'r llall i weld rhiant, ac er bod hynny'n swnio'n fwrn, buan iawn roedden nhw'n arfer.

Ddiwedd y prynhawn, cododd y pwnc yn annisgwyl pan gafodd Elin alwad ffôn gan Moli. Yn gyffro i gyd, roedd hi newydd gyrraedd yn ôl i dŷ ei thaid ar ôl ei hantur yn y Drenewydd.

'Mi wnaethon ni eu curo nhw, Mam! Oddan ni'n ôsym,' broliodd, 'a fi gath *player of the match*!'

'Gwych! Da iawn chdi,' meddai Elin cyn i Moli fyrlymu yn ei blaen.

'Ac mi roedd tîm Cymru yn amêsing – cystal ag unrhyw dîm dynion ... gwell, hyd yn oed! A ges i lofnod Jess Fishlock!'

'O, da!' meddai Elin, heb syniad yn y byd pwy oedd Jess Fishlock.

'Ti *yn* gwybod pwy ydi Jess Fishlock, yn dwyt?'

'Ydw, tad,' atebodd Elin, gan geisio dyfalu. 'Capten Cymru, 'de.'

'Naci siŵr! Sophie Ingle 'di'r capten. Mae Jess Fishlock yn rili enwog – ma' hi 'di cael cant o gapiau am chwara i Gymru ac wedi ennill *Welsh Player of the Year* dwn i'm faint o weithia.'

'Gwych!'

'Ma' hi'n rili byr, 'sti – llai na fi. Eniwe, ma' Taid am fynd â fi i gael têc awê Chinese rŵan i ddathlu.'

'Chwarae teg iddo fo. Cofia fi ato fo.'

'Mi wna i. O, a Mam? Ydi'n iawn i mi fynd i aros at Dad nos fory?'

Oedodd Elin. 'Pam wyt ti isio aros efo dy dad?' holodd.

'Mae o 'di deud y ca i fynd ato fo i wylio ffilm ar Netflix, ond 'mod i'n gorfod gofyn i ti gynta. Mae'n iawn i mi fynd, tydi? Ga i gysgu yn fy hen lofft eto.'

Gwyddai Elin nad oedd rheswm iddi wrthod, ond teimlai ychydig yn anesmwyth serch hynny.

'Ti 'di sôn wrth Taid?'

'Do, ac mi ddeudodd o wrtha i am ofyn i ti.'

'Iawn. Ocê 'ta.' Doedd ganddi ddim rheswm i feddwl bod Elfed wedi hitio'r botel eto, a dylai fod yn hollol sobor ar nos Lun ar ôl bod yn ei waith drwy'r dydd.

'Wela i chdi a Beca dydd Mercher 'ta,' meddai Moli'n hapus cyn ffarwelio. 'O ... Mam? Paid â gwylltio, ond mae Taffi wedi cnoi dy welinton di!'

'Be? Sut gath hi ...?' Ond roedd ei chwestiwn yn rhy hwyr gan fod Moli wedi diffodd y ffôn. 'Blydi ci!' ebychodd, a chododd Flynn ei ben o'i fasged ger yr Aga, wedi hen arfer â'r cyfarchiad. 'Naci! Nid chdi ... tro yma.' Gollyngodd Flynn ei ben yn ôl ar ei bawennau.

Canodd y ffôn eto – neges destun gan Beca y tro hwn, yn dweud ei bod am aros yn nhŷ Declan i gael swper ac y byddai tad Declan yn dod â hi adra'n nes ymlaen. Mae'n rhaid ei bod hi'n cael croeso yno, meddyliodd Elin, neu mi fyddai wedi cysylltu i ofyn i rywun ei nôl hi ers meitin.

Agorodd y drws cefn er mwyn dilyn Rhys a'r hogiau i'r byncws. Roedd hi'n chwarter wedi pump ac eisoes yn dywyll, a phan deimlodd frath y gwynt camodd yn ôl i'r tŷ i nôl ei chôt. Gan nad oedd honno ar gefn y drws gafaelodd yn un o'r gynau gwisgo a'i lapio amdani'n sydyn, gan na fyddai neb yn ei gweld. Newydd gamu drwy'r drws oedd hi pan welodd rywun yn cerdded tuag ati ar draws y buarth. Damia! Betty. Ystyriodd redeg yn ôl i'r tŷ ond roedd Betty wedi ei gweld.

'Elin!'

'O, hello Mrs Dolan!'

'I have some beef left over from lunch.'

Trodd Elin yn ei hôl am y tŷ a dal y drws yn agored i Betty. Cerddodd yr hen wraig yn syth at y ffrij a rhoi'r pecyn cig ynddo, tra safai Elin yng nghanol yr ystafell.

'It'll do for sandwiches for the boys tomorrow,' meddai Betty, gan droi i edrych ar Elin, ei llygaid yn teithio i fyny ac i lawr y gŵn wisgo.

'Is that my Kevin's dressing gown you're wearing?' gofynnodd yn syn.

'Umm … yes, it could be. I couldn't find my coat to pop out to the bunkhouse … I was cold …' ceisiodd Elin esbonio, gan dynnu'r gŵn a'i gosod yn ôl ar y bachyn. 'How are you, Mrs Dolan? You're looking well.'

'No, I'm not. I've been with the cold all week,' atebodd Betty, gan sniffian. 'Where are the boys?'

'I'm not sure. They were in the bunkhouse with Rhys.'

Eisteddodd Betty wrth y bwrdd a suddodd calon Elin, oedd wedi gobeithio y byddai'n mynd i chwilio am yr hogia.

'Would you like a cup of tea?' gofynnodd Elin yn betrusgar. Roedd yn rhaid bod rheswm pam roedd Betty wedi eistedd i lawr.

'No thank you. I'm off to mass in a minute, but you have one.'

Gan deimlo ei bod wedi cael gorchymyn, aeth Elin at y tegell a gwenud paned iddi hi'i hun. Teimlai lygaid Betty yn llosgi drwy ei chefn. Cariodd y baned at y bwrdd ac eisteddodd y ddwy mewn tawelwch annifyr an funud. Roedd gan Betty rywbeth ar ei meddwl. Oedd hi wedi cael gwybod amdani hi a Rhys rywsut neu'i gilydd? Pan ddaeth cwestiwn Betty roedd yn un annisgwyl.

'How are you, Elin?'

'Me? I'm fine, thank you,' atebodd yn syn. Doedd Betty ddim yn un i fân siarad a doedd hi erioed wedi holi amdani o'r blaen.

'I hear you've been going through a hard time with your fella.'

'Umm ... yes,' atebodd yn betrus. Pwy oedd wedi dweud wrthi? Oedd Alun mewn cysylltiad efo hi? Syrthiodd tawelwch rhwng y ddwy wraig, a Betty a'i torrodd.

'He's a drinker,' datganodd.

'He is, yes ... well, he *was* anyway. He says he's stopped now.'

'Well, that's good, isn't it.'

'Yes, yes, that's good,' cytunodd Elin heb wybod beth i'w ddisgwyl nesaf.

'My husband was a womaniser,' cyhoeddodd Betty.

Edrychodd Elin yn syn arni. Roedd hi wedi clywed bod tad Roisin wedi cael perthynas â'r ddynes oedd yn trin ei draed, ychydig cyn iddo farw o drawiad ar y galon.

'It wasn't only that chiropodist harlot, you know,' parhaodd Betty. 'Before her there was that woman who worked at Blessington Mart, and Jeannie, the barmaid at O'Reilleys.' Cymerodd Elin ddracht mawr o'i phaned. 'He thought I didn't know, but I did. Of course I did. Us women, we know these things, don't we?'

'Well ... yes, I suppose we do,' atebodd Elin gan gofio sut y gwelodd hi drwy gelwydd Elfed pan oedd yn ceisio cuddio'i broblem yfed.

'I can't say it was an easy time,' cyfaddefodd Betty.

'No, I don't suppose it was,' cytunodd Elin, heb fedru penderfynu ai Betty oedd yn haeddu ei chydymdeimlad oherwydd mercheta ei gŵr, ynteu fo am orfod byw efo dynes mor sarrug â Betty.

Edrychodd yr hen wraig ar ei bysedd a throelli ei modrwy briodas. Roedd croen ei dwylo'n llac a rhychiog, ac ôl blynyddoedd o waith caled ar y cymalau cnotiog. Blynyddoedd o fagu plant yn ogystal â bod yn wraig fferm. Mae'n siŵr nad oedd ei bywyd wedi bod yn hawdd, ac efallai nad oedd hi wastad wedi bod mor sarrug.

'You know, I couldn't take this ring off now even if I wanted to. The knuckle has swollen over the years so it's well and truly stuck.' Cododd ei phen i edrych ar Elin. 'And that's how it should be. When we say our vows and put on a wedding ring it's for life, through the good times and the bad.'

Edrychodd Elin ar ei llaw chwith ei hun, yn noeth o unrhyw fodrwy. Rhedodd ei bawd dros y lwmpyn o groen caled ar waelod ei thrydydd bys lle'r arferai ei modrwy briodas rwbio.

'But why?' gofynnodd, heb edrych i fyny. 'Why should we put up with an unhappy, wretched marriage?'

Daeth yr ateb yn bendant. 'Because it is God's will.'

'But if we can see a happier path ... don't you think that it's God showing us that path?'

'The devil has many guises and puts many temptations our way,' atebodd Betty. 'We must not give in to those temptations. We must do our duty.'

Ochneidiodd Elin. Doedd hi ddim wir yn credu mewn unrhyw dduw, nac yn deall pam y byddai eraill yn arddel ffydd. Roedd Betty'n gweld y byd mewn du a gwyn – yn dda neu'n ddrwg – ond myrdd o lwyd a welai Elin gydag ambell fflach o wyn ac ambell gysgod du. Gwyddai na fyddai Betty fyth yn deall hynny.

'I appreciate your concern,' meddai'n bwyllog, 'but we come from very different belief backgrounds and as you must follow yours, I must follow mine.'

Gwasgodd Betty ei gwefusau at ei gilydd yn llinell dynn cyn eu hagor i siarad.

'I'm disappointed to hear that.' Cododd ar ei thraed. 'It must be a great worry for your father, and I have the boys to think of. They're at an impressionable age.'

Teimlodd Elin ei thymer yn dechrau corddi. A oedd Betty'n ei hystyried hi'n ddylanwad drwg ar ei hwyrion?

'The boys are lovely and Rhys is doing an excellent job of bringing them up,' meddai'n bendant, gan godi at y drws cefn i'w agor i Betty. Gwasgodd Betty ei gwefusau at ei gilydd eto.

'Hmmm,' ebychodd. Wrth iddi fynd drwy'r drws, trodd i edrych ar Elin dros ei hysgwydd. 'I'll pray for you.'

'Gwna di hynny os gadwith o chdi'n hapus,' meddai Elin yn ddistaw wrth gau'r drws y tu ôl iddi. Aeth yn ôl at ei phaned i gnoi cil ar y sgwrs ryfedd oedd wedi gadael yr ystafell yn llawn tensiwn.

Roedd hi'n dal i synfyfyrio pan ddychwelodd Rhys o'r byncws. Gwyddai'n syth fod rhywbeth ar ei meddwl.

'Ti'n iawn?'

Gwenodd Elin arno wrth godi. 'Ydw, ydw tad. Ti isio panad?'

'Stedda di, mi wna i hi.' Wrth agor y ffrij i nôl y llefrith gwelodd y pecyn o gig oer. 'O ... mae Betty wedi galw, dwi'n gweld.'

'Do.'

'A?'

'A be?'

'Be ddeudodd hi i dy ypsetio di?'

'Dim byd ...'

Syllodd Rhys arni. Roedd o'n ei hadnabod hi'n well na neb, a gwyddai Elin mai ofer fyddai celu dim rhagddo.

'... wel, dim byd mawr. Trio 'mherswadio i i aros efo Elfed oedd hi, achos mai dyna ydi ewyllys Duw.'

Tywalltodd Rhys ddŵr o'r tegell i'r tebot mawr coch a'i gario, efo dau fŷg, at y bwrdd. Eisteddodd gyferbyn â hi. 'Ac mi fasa hi'n dweud yr un peth tasa dy ŵr yn dy guro di hefyd, basa?'

'Basa, ma' siŵr. Fedra i ddim smalio 'mod i'n deall sut mae ei meddwl hi'n gweithio. Poeni am yr hogia mae hi, medda hi, gan awgrymu y baswn i'n ddylanwad drwg arnyn nhw.'

'Rargian annwyl! Hi a'i chulni unllygeidiog ydi'r dylanwad drwg!' gwylltiodd Rhys. 'Mi ga i air efo hi.'

'Na!' mynnodd Elin, gan roi ei llaw ar ei fraich. 'Gad iddi. Gawn ni weld be fydd ei hymateb hi pan ddaw hi i wybod ein bod ni efo'n gilydd.'

'Os gawn ni unrhyw lol ganddi ar ôl i ti symud i mewn, mi fydda i'n gofyn iddi beidio â galw yma.'

Gwenodd Elin, ond pan drodd Rhys at yr Aga i ail-lenwi'r tebot, diflannodd y wên honno oddi ar ei hwyneb.

Pennod 7

Roedd hi'n naw o'r gloch ar Beca'n cyrraedd adref yn llawn bwrlwm ar ôl ei diwrnod yng nghwmni teulu Declan, ac eisteddodd ar y soffa yn ystafell fyw fawr An Teach Ban i ddweud yr hanes wrth Elin a Rhys. Roedd yr efeilliaid yn gwisgo clustffonau ac yn brysur ar eu ffonau – wyddai Elin ddim ai chwarae gemau ynteu tecstio ffrindiau oedden nhw, ond teimlai'n siomedig o'u gweld yn eu byd bach eu hunain. Dros yr haf, prin yr oedden nhw wedi eistedd yn llonydd, heb sôn am gyffwrdd eu ffonau, ond bryd hynny, wrth gwrs, roedd y dyddiau'n hir a'r ganolfan feicio'n agored tan wyth bob nos.

'Ma' pob un o'i deulu o'n medru chwarae offeryn,' broliodd Beca, ei llygaid yn pefrio. 'Ac mae dwy o'i chwiorydd yn wych am ddawnsio Gwyddelig – maen nhw wedi ennill gwobrau.'

'*Dwy* o'i chwiorydd o?' ailadroddodd Elin. 'Faint o chwiorydd sy ganddo fo, felly?'

'Pedair, ac un brawd.'

'Ew, dyna lond tŷ ... a gwaith bwydo!' meddai Elin, cyn ystyried na fyddai eu cartref nhw'n llawer llai petaen nhw i gyd yn byw dan yr unto, yn enwedig o gofio faint o brydau bwyd roedd Kevin yn eu cael yn An Teach Ban.

'Mae'r ddwy'n perfformio yn Johnny Fox's deirgwaith yr wsnos, a dim ond saith oed ydi Aoife!' ychwanegodd Beca, yn llawn edmygedd. 'Mi ddawnsiodd hi i mi gynna – roedd ei choesau bach hi'n mynd fel coblyn!'

'Lle 'di Johnny Fox's?'

'Pỳb ydi o,' atebodd Beca.

'Mae'r lle yn fwy na thafarn,' eglurodd Rhys. 'Mae Johnny Fox's yn enwog am ddau beth – y ffaith mai hon ydi'r dafarn ucha yn Iwerddon, a'r *hooley nights* sy'n cael eu cynnal yno.'

'Cael lot o wynt am eu bod nhw'n uchel i fyny maen nhw?' gofynnodd Elin.

Gwenodd Rhys. 'Na, mae *hooley* yn golygu parti yn ogystal â storm – noson o ganu a dawnsio traddodiadol.'

Sylwodd Elin fod Dewi a Pádraig yn gwenu. Mae'n rhaid eu bod nhw'n gwrando wedi'r cyfan.

'Mae Declan yn deud y medar o gael tocynnau rhad i ni. Gawn ni fynd?' gofynnodd Beca'n frwdfrydig.

'Cawn siŵr,' atebodd Elin. 'Mae *hooley* yn swnio'n hwyl, ond well i ni aros nes y bydd Moli efo ni, neu mi fydd hi'n pwdu wrth feddwl ei bod hi wedi cael cam.'

Roedd hi'n *hooley* o'r math arall y bore canlynol. Dyrnai'r gwynt yr hen dŷ nes bod y ffenestri'n crynu. Edrychodd Elin allan drwy ffenest ei llofft – roedd y bryniau a'r coedwigoedd yr arferai eu gweld islaw wedi diflannu y tu ôl i garthen lwyd o gymylau trwchus, a llen o law. Siawns na fyddai neb am fentro beicio ar ddiwrnod fel hwn.

Pan gerddodd i mewn i'r gegin roedd Rhys a Liam yn sefyll yn y ffenest a golwg ddifrifol ar eu hwynebau.

'Diwrnod rhydd heddiw?' gofynnodd Elin yn ysgafn.

'Does 'na'm ffasiwn beth pan ti'n rhedeg dy fusnas dy hun,' atebodd Rhys. 'Diwrnod i drwsio beiciau, gwneud y cyfrifon a thalu biliau.'

'Diwrnod o bres yn mynd allan a dim yn dod i mewn,' ategodd Liam.

'Be ydi'r rhagolygon?' gofynnodd Elin. 'Be ddeudoch chi wrtha i llynedd am dywydd Iwerddon? O, ia, "os nag wyt ti'n licio'r tywydd, arhosa am sbel ac mi fydd o wedi newid eto"!'

Doedd ymgais Elin i godi eu calonnau ddim wedi gweithio.

'Mae hynny'n gallu bod yn wir – mi gawn ni'r pedwar tymor mewn un diwrnod weithiau – ond tywydd fel hyn maen nhw'n 'i addo drwy'r dydd heddiw. Cynffon ryw gorwynt o America, mae'n debyg.'

'Rêl America – gyrru popeth ein ffordd ni!' meddai Elin, gan ddal i drio ysgafnhau'r awyrgylch.

'Jest gobeithio y bydd y bobol sy wedi bwcio'r byncws yn troi i fyny!' meddai Liam.

'O rargian, ia!' cytunodd Rhys. 'Maen nhw wedi talu blaendal, ac os ydyn nhw'n canslo mi fyddwn ni'n cadw hwnnw ... ond dim ond hanner y pris ydi hynny.'

'Wel, os gyrhaeddan nhw mi fydd yn rhaid i ni drio gwneud y lle mor gysurus â phosib iddyn nhw, yn bydd,' meddai Elin. 'Oes 'na ddigon o goed ar gyfer y tân?'

'Oes,' atebodd Liam.

'A be am rwbath iddyn nhw'i wneud? Oes 'na lyfrau yn y byncws? Cardiau? Gemau bwrdd ac ati?'

'Nag oes,' atebodd Rhys.

'Wel, mi a' i lawr i'r pentre i weld be fedra i 'i ffeindio felly,' atebodd Elin. 'Ac mi wna i fara brith iddyn nhw. Na, erbyn meddwl, cacan Gymreig ydi bara brith, yntê. Be 'di'r gacen draddodiadol Wyddelig?' gofynnodd.

'Barmbrack,' atebodd Liam.

'Sut fath o gacen ydi honno?'

'Union 'run fath â bara brith,' atebodd Rhys.

'Iawn 'lly – mi wna i barmbrack!'

'Dwn i'm lle gei di gemau a llyfrau yn y pentre chwaith,' ychwanegodd Rhys.

'Triwch siop Breda,' meddai Liam. 'Mae honno'n gwerthu bob dim!'

'Digon gwir,' cytunodd Rhys. 'Cymera bres o'r tun coffi sy ar silff ucha'r ddresel.'

'Na, mae'n iawn, dala i,' meddai Elin.

''Sdim isio i ti. Cymcra brcs o'r tun a chadwa'r *receipt* mi fydd o'n mynd yn erbyn y busnes,' meddai Rhys yn gadarn, cyn ychwanegu mewn tôn gynhesach, 'diolch.'

Ar hynny, hedfanodd drws y gegin yn agored nes dychryn pawb, gan gynnwys Flynn oedd yn cysgu'n drwm wrth yr Aga.

'Wow! Sorry about that!' meddai Kevin wrth ruthro i gau'r drws ar ei ôl. 'The wind snatched the door straight out of my hands!' Safodd yn y drws yn ysgwyd y glaw oddi arno ar y mat bach dan ei draed, a cheisio tawelu'r ci oedd wedi rhuthro ato.

'Lovely day!' meddai gyda gwên. 'What's the plan, boss?'

'Well, I really don't think anyone will venture out in this weather. We'll certainly have to cancel the guided bike rides, and if anyone is stupid enough to try to hire a bike I think we'd better say no,' atebodd Rhys.

'Be am i ni ddeud *at your own risk?*' gofynnodd Liam.

'No, better not. Health and safety and all that. We don't want anybody getting hurt,' meddai ei dad.

'Or damaging a bike!' gwenodd Kevin.

'Dowch, mi wna i baned i chi, cyn i chi ddechrau gwneud dim,' meddai Elin gan gyfieithu i Kevin. 'Sit down, Kevin, and I'll make you all a ...'

'A cuppa! I know. "Panad" was the very first Welsh word I learned!'

Roedd Elin yn tywallt te o'r tebot mawr coch pan ddychrynwyd hi am yr eildro gan sŵn Flynn yn neidio allan o'i fasged ac yn cyfarth dros y lle. Edrychodd Rhys drwy'r ffenest.

'Ewadd,' meddai, 'mae 'na gar Gardai newydd stopio tu allan.'

'Gardai?' meddai Kevin. 'What do *they* want?'

Dechreuodd calon Elin guro'n gyflymach. Roedd gweld car heddlu yn parcio tu allan i'w thŷ yn un o'i hofnau mawr byth ers i heddwas ddod â'i mam yn ôl adref yn oriau mân y bore un tro ar ôl iddi fynd ar goll. Roedd hi'n dioddef o Alzheimers, salwch a'i trawodd yn ei chwedegau hwyr ac a'i meddiannodd yn araf a chreulon dros gyfnod o wyth mlynedd cyn iddi farw. Y noson honno, roedd Alun wedi deffro a dychryn o weld nad oedd ei wraig wrth ei ochr, ac wedi ffonio Elin i ddod yno'n syth. Pan stopiodd y car heddlu y tu allan i'r tŷ roedd Elin yn ofni'r gwaethaf, a rhyddhad mawr oedd gweld yr heddwas yn hebrwng ei mam o gefn y car, yn gwisgo dim byd ond ei choban. Wedi'r digwyddiad hwnnw bu'n rhaid iddyn nhw wneud penderfyniad anodd, a derbyn nad oedd hi'n bosib i Alun ac Elin edrych ar ei hôl hi mwyach. Treuliodd weddill ei dyddiau mewn cartref gofal.

Agorodd Rhys y drws cyn i'r garda ei guro, a chamodd dyn tal i mewn o'r glaw.

'Good morning. I'm sorry to disturb you,' meddai'r heddwas. 'I'm Sargeant O'Donnell ... oh, don't worry, it's not serious!' ychwanegodd wrth weld rhes o wynebau pryderus yn edrych arno. Gollyngodd pawb ochenaid o ryddhad. Cynigiodd y dyn ei law i Rhys. 'You must be Mr Griffiths,' meddai.

'Yes,' cadarnhaodd Rhys gan ysgwyd ei law.

Trodd y garda ei sylw at Kevin, gan edrych arno am eiliad. 'And how are you, Kevin?' meddai.

Edrychodd Kevin arno'n ddiddeall. 'I'm sorry...?'

Tynnodd y garda ei het i ddatgelu gwallt cyrliog browngoch wedi ei dorri'n daclus.

'Do you not recognise me, Kevin?' gofynnodd, gyda'r tinc lleiaf o siom yn ei lais. 'Have I changed that much?'

Syllodd Kevin arno am eiliad, ac yna sylwodd Elin ar wrid yn llifo i'w fochau. 'Rory?' meddai, 'is it you?'

'It is indeed!' Gwenodd Rory arno.

'Well, God allmighty! Rory!'

Gafaelodd y ddau ddyn yn ei gilydd mewn coflaid drwsgwl cyn camu'n ôl a gwenu.

'How are you?' gofynnodd Kevin. 'I've not seen you for ... it must be twenty years?'

'It nearly is. I'm grand, thank you. You're looking well yourself. Listen, I was very sorry to hear about Roisin,' meddai.

'Yes, an awful thing. Thank you. This is Rhys, her husband, and this,' meddai Kevin, gan droi at ei nai, 'is her son, Liam.'

Ysgydwodd y gŵr law Liam. 'And this is Rhys's friend, Elin, and Beca, her daughter ... from Wales.' Gwenodd Elin arno wrth ysgwyd ei law gan geisio dyfalu pam y gwridodd Kevin.

'Everyone,' meddai Kevin, 'this is my old school friend, Rory.' Edrychodd ar Rory cyn ychwanegu, 'who I thought I'd never see again. When did you come back?'

'I've been back in Ireland for six years, working down in Cork, and I've just moved up to this area last week,' atebodd.

'Please,' meddai Rhys 'take a seat. It's nice to meet you, but you had us worried there for a moment.' Estynnodd gadair i'r ymwelydd ac eisteddodd Rory arni.

'Thank you, and sorry – I have that effect on people since I joined the Gardai, unfortunately! To put you at ease I'd better tell you the reason for my call.' Aeth i'w boced a thynnu darn o bapur ohoni, a'i roi ar y bwrdd. 'It's to warn you to be on the lookout for this man.' Craffodd pawb ar lun CCTV o ddyn yn ei ugeiniau hwyr. 'He's been causing a bit of chaos in bed and breakfast establishments around the country – booking for a night and then disappearing first thing in the morning without paying, and stealing anything of value he can lay his hands on. We have reason to believe he might come to Knockfree. If he does he'll turn up on chance – that way he leaves no email or phone trail.'

'Is he dangerous?' gofynnodd Elin yn bryderus.

'Well, I think it's best if you don't approach him if you see him in the village. If he does turn up here just call us and we'll come up straight away. There are more details about him on the leaflet, together with the number to call.'

'Ok. Will do,' meddai Rhys.

'Would you like a cup of tea?' cynigiodd Elin.

'No, thank you. I'd better make a move. I need to go to Fairyhill B&B next.'

'Ha! Well good luck to him if he tries anything on with Mrs Clarke and Sinead!' chwarddodd Kevin.

Cytunai Elin. Roedd hi wedi aros am noson yn Fairyhill ddechrau'r haf ac wedi cyfarfod Mrs Clarke, oedd yn bwten fach ond yn ddraig o ddynes. Roedd ei merch, Sinead, yn ffrind gorau i Roisin ac yn dal i alw yn An Teach Ban o dro i dro, ac roedd Elin yn amau mai cyw o frid oedd hithau.

'Does Sinead still live with her mother, then? Did she not marry?' gofynnodd Rory gan godi i fynd.

'No,' atebodd Kevin. Edrychodd Rory arno. 'And what about you, Kevin? Are you married?'

'No. No, I'm not,' atebodd Kevin yn bendant, a sylwodd Elin ar y gwrid yn dychwelyd i'w fochau. 'And you? Are you ... married?'

Gwenodd Rory arno. 'No, I'm not. Footloose and fancy free, that's me! Anyways, it was nice seeing you again,' meddai, gan ysgwyd llaw Kevin. 'And to meet you all. I'll see you around, I'm sure.' Tynnodd gerdyn bach o'i boced a'i roi i Kevin. 'This is my personal number should our man turn up.'

'Wel, wir!' meddai Elin ar ôl iddo fo fynd. 'Ro'n i'n meddwl bod Iwerddon yn lle saff i fyw.'

'Mi wyt ti'n iawn i feddwl hynny,' atebodd Rhys. 'Ond does nunlle yn *hollol* saff, nag oes?'

'It says here our man has an English accent,' meddai Kevin wrth ddarllen y daflen. 'At least it's not one of our own!'

Parciodd Elin gar Rhys ar brif stryd fechan Knockfree. Roedd digon o le, am unwaith, gan nad oedd llawer wedi mentro i lawr i'r pentref ar dywydd mor arw. Wedi iddi ddiffodd y sychwr ffenest, prin y gallai weld Kavanagh's Village Store and Post Office, Mahoney's Meats a Maggie's Unisex Salon ar un ochr y ffordd, a thafarn O'Reilley's a'r Chinese Take Away ar yr ochr arall. Ychydig ymhellach i lawr y stryd, heibio i'r tai bychan taclus, roedd tafarn Fitzpatrick a'r ganolfan gymunedol, ac ym mhen pella'r stryd, ar dop allt fechan, safai'r eglwys Gatholig yn taflu ei chysgod dros y cwbwl. Cododd Elin gwfl ei chôt dros ei phen cyn mentro i'r glaw.

Canodd y gloch uwchben drws siop-bob-dim Kavanagh's wrth iddi ei agor. Camodd i mewn i'r siop – roedd tair o ferched fel tair iâr yn pigo wrth y cownter, yn amlwg wedi mentro drwy'r storm i gael eu clecs dyddiol. Y tu ôl i'r cownter, yn sefyll ar stepen gan nad oedd cweit yn ddigon tal, roedd casgen o ddynes fochgoch – Breda Kavanagh, perchennog y siop. Plygodd yn ei blaen i weld pwy oedd ei chwsmer diweddaraf.

'Good morning!' meddai. Tynnodd Elin ei chwfl a dychwelyd ei chyfarchiad.

'Oh! Hello,' meddai Breda. 'If it isn't Rees's friend from Wales. Come over for the holidays, have you?'

Teimlai Elin ychydig yn annifyr dan drem y tair gwraig arall oedd yn syllu arni.

'Yes,' atebodd gan wenu ar y gwragedd. Dim ond un a wenodd yn ôl. Gafaelodd Elin mewn basged siopa a dechrau chwilio am gynhwysion i wneud y barmbrack, ac unrhyw beth y medrai ei roi yn y byncws i ddiddanu'r gwesteion. Closiodd y tair gwraig at ei gilydd a gostwng eu lleisiau, a chafodd gadarnhad mai amdani hi roedden nhw'n siarad pan glywodd y geiriau 'poor Roisin'. Cymerodd ei hamser yn y gobaith y byddai'r gwragedd wedi mynd erbyn iddi gyrraedd y cownter, ond roedden nhw'n dal yno pan osododd ei basged o flaen Breda. Methodd ddod o hyd i lyfrau na gemau, ond roedd ganddi becyn o gardiau chwarae a lluniau o wahanol ardaloedd yn Iwerddon arnynt, a bwndel o amrywiol gylchgronau, yn ogystal â'r cynhwysion ar gyfer y gacen. Cododd Breda gylchgrawn i'w sganio.

'Going to be doing some reading, I see. Nothing else to do in this weather, I suppose!'

'No, it's to put in the bunkhouse, ready for today's visitors,' eglurodd Elin, er na wyddai pam fod yn rhaid iddi esbonio.

'Ah,' meddai Breda, a phlygu'n nes at Elin. 'Did you hear about the man the Gardai are looking for?'

'Yes. The sargeant was up this morning to warn us.'

'Was that Sargeant Rory O'Donnell?'

'Yes, it was.'

Daeth llais o'r tu ôl iddi. 'Did you say Rory O'Donnell?' gofynnodd un o'r ieir.

'Yes,' meddai Breda.

'That wouldn't be Mary's Rory?'

'Yes, it would, and he's a garda now and all,' meddai Breda.

'Well, he's a brave lad coming back here!' meddai un arall

o'r ieir mewn llais oedd yn mynegi gwrthwynebiad yn fwy nag edmygedd.

'I suppose times have changed,' meddai Breda. 'People are more accepting these days.'

Crychodd yr iâr ei thrwyn. 'Not in the Catholic church they're not!'

'That'll be twenty-one euros please,' meddai Breda wrth Elin.

Estynnodd Elin am ei phwrs a gwneud syms sydyn yn ei phen. Roedd y bunt yn werth dipyn llai erbyn hyn o'i gymharu â chwe mis ynghynt. Ceisiodd hefyd wrando ar y sgwrs.

'It goes against nature. It makes me feel quite sick, and to think he's a garda!' meddai'r drydedd iâr. 'That shouldn't be allowed.'

Clwciodd y ddwy arall eu cytundeb. Mae'n rhaid fod Rory yn hoyw, meddyliodd Elin, gan ddychryn o glywed agwedd mor homoffobig, a hynny'n gyhoeddus. Am a wyddai'r ieir gallai hithau fod yn hoyw! Ysai i ddweud rhywbeth, ond doedd hi ddim yn ddigon dewr. Yn lle hynny, rhoddodd yr arian i Breda a chipio'r bag o nwyddau oddi ar y cownter cyn troi ar ei sawdl i adael. Wrth iddi estyn am ddolen y drws fe agorodd, a bu bron iddi â tharo yn erbyn dynes oedd yn brysio i mewn o'r glaw.

'Sorry!' meddai gan gamu o'r neilltu i wneud lle i honno ddod i mewn. Sylwodd yn syth ar ei gwallt pinc llachar. 'Sinead!' cyfarchodd gyda gwên.

Safai Sinead Clarke yn y drws yn edrych arni. Gwisgai gôt law werdd, flodeuog, ac roedd ei hwyneb wedi ei goluro mor lliwgar a'i chôt. Nid oedd y gwefusau cochion yn gwenu. Edrychodd i fyw llygaid Elin cyn troi oddi wrthi a cherdded i mewn i'r siop. Am eiliad safodd Elin yn syn yn y drws gan ystyried mynd ar ei hôl, ond ailfeddyliodd. Beth ddiawch oedd hi wedi'i wneud i ypsetio Sinead? Yna, cofiodd – y tro diwetha i'r ddwy weld ei gilydd oedd y noson cyn iddi adael Knockfree yn yr haf, pan gyfaddefodd Sinead wrthi ei bod mewn cariad efo Kevin a'i siarsio i beidio â dweud wrth neb. Ond dweud wrth

Kevin wnaeth Elin, gan ei bod hi wedi darganfod ei gyfrinach o: gwyddai na allai Sinead, na'r un ferch arall o ran hynny, lwyddo i gipio'i galon. Mae'n rhaid bod Kevin wedi sôn wrth Sinead. Oedd o wedi dweud y gwir wrthi? Achos roedd hi'n amlwg nad oedd o wedi dweud wrth neb arall, ac o ystyried agwedd yr ieir yn y siop, pwy allai ei feio?

Pennod 8

Roedd y storm wedi gostegu ychydig erbyn diwedd y prynhawn, pan gyrhaeddodd gwesteion y byncws. Roedd y grŵp o ddeg yn perthyn i glwb cerdded o ogledd Lloegr ac wedi dod i gerdded rhan o lwybrau y Wicklow Way. Diolchodd Elin eu bod nhw'n gerddwyr profiadol, felly go brin y byddai ychydig o dywydd garw yn amharu ar eu cynlluniau. Mynnodd Dewi a Pádraig gario'u bagiau o'r car i'r byncws er mwyn cael golwg iawn arnyn nhw, i wneud yn siŵr nad oedd y lleidr yn eu plith.

'Peidiwch â bod yn wirion! Fasa'r lleidr ddim yng nghanol grŵp – ar ei ben ei hun mae hwnnw'n teithio,' meddai Liam wrthyn nhw pan oedd yn helpu Elin i wneud swper. Roedd y syniad bod lleidr yn yr ardal wedi dal dychymyg yr efeilliaid, a hwythau'n byw mewn ardal lle nad oedd fawr ddim byd cyffrous yn digwydd.

'Wyddost ti ddim,' meddai Dewi. 'Mi fasa fo wedi medru twyllo'i ffordd i mewn i'r grŵp.'

'Dwi'm yn meddwl rywsut,' anghytunodd Liam.

'Ond da iawn chi am fod yn wyliadwrus,' ychwanegodd Elin, yn rhag-weld y byddai'r sgwrs yn datblygu'n ffrae rhwng y brodyr bach a'r brawd mawr.

'Ella'i fod o'n llofrudd!' meddai Pádraig yn ddramatig.

'Ia,' cytunodd Dewi. 'Ella'i fod o wedi lladd un o'r *landladies*!'

'Naddo siŵr, neu mi fasa'r heddlu wedi deud, yn basan!' wfftiodd Liam.

Gostyngodd Dewi ei lais. 'Falla nad ydyn nhw'n gwybod eto.'

'Achos bod ei chorff hi mewn *bits* yn y *freezer*!' ychwanegodd Pádraig. Erbyn hyn, roedd y brodyr wedi mynd i hwyl ac yn siarad am yn ail.

'Yng nghanol y *frozen peas*.'

'A does 'na neb wedi sylwi ei bod hi ar goll achos does ganddi neb yn y byd – dim ond ei chath.'

'Ac mae'r llofrudd wedi rhoi honno yn y *microwave!*'

'Rargian annwyl, dyna ddigon!' ebychodd Elin, gan ddiolch nad oedd Moli yno. Byddai'r hogiau wedi ei dychryn hi am ei bywyd. 'Peidiwch â dweud pethau fel'na wrth eich Granny wir, neu mi fydd hi'n methu cysgu'r nos.'

'Lle mae'r daflen gawson ni gan y garda?' gofynnodd Dewi.

'Ar y wal yn fanna,' meddai Elin, gan bwyntio ato.

Cythrodd Dewi ato, a throi at ei efaill. 'Ty'd, well i ni wneud copi o hwn i Granny – mae hi'n gweld pawb sy'n dod yma, yn tydi, felly hi fasa'n ei weld o gynta!'

'Peidiwch â bod yn hir,' meddai Elin. 'Mi fydd swper yn barod mewn ryw hanner awr ... a pheidiwch â dychryn Granny!'

Edrychodd Elin ar y cloc. Roedd hi'n chwech o'r gloch, a Rhys wedi mynd i newid o'i ddillad gwaith cyn i dad Declan ddod â Beca adref. Y tro hwn byddai'n gadael Declan yn An Teach Ban i gael swper. Gobeithiai Elin y byddai'r efeilliaid yn bihafio – gwyddai pa mor hoff oedd y ddau o dynnu coes, a gwyddai hefyd fod Beca'n awyddus i wneud argraff dda ar ei chariad.

Rhedodd i fyny'r grisiau i ymbincio'n sydyn cyn i Declan gyrraedd, a daeth Rhys i'w chyfarfod, wedi newid i jîns a siwmper.

'Dwi jest yn mynd i neud fy hun yn ddel,' meddai wrtho.

'Ti'n ddigon del fel wyt ti,' meddai Rhys.

Gwenodd Elin. 'Dwn i'm wir, ond diolch i ti,' meddai. 'Ti 'di clywed y dywediad? Os wyt ti am weld sut mae'r fesen am dyfu, edrycha ar y dderwen. Wel, dwi ddim isio i Declan gymryd un edrychiad arna i a rhedeg o'ma!'

Gafaelodd Rhys am ei chanol a chladdu ei wyneb yn ei gwallt. 'Os dyfith hi i fod hanner cystal dynes â'i mam mi fydd ei chymar, pwy bynnag fydd o, yn foi lwcus iawn!'

Clywsant glep y drws cefn a thynnodd Elin ei hun o'i freichiau.

'Drapia! Maen nhw yma. Dos di atyn nhw tra dwi'n sortio fy hun allan.'

Roedd Beca, Declan, Elin, Rhys a Liam eisoes yn eistedd wrth y bwrdd pan redodd yr efeilliaid i'r gegin, yn fyr o wynt.

'Sori!' meddai'r ddau ar unwaith. 'Granny oedd yn mwydro!

'Tydi hi ddim am adael i Yncl Kevin fynd i'r pỳb heno rhag ofn i'r lleidr drio torri i mewn i'r byngalo tra bydd o allan!' cyhoeddodd Pádraig gyda gwên.

'Be dach chi wedi bod yn ddweud wrthi?' gofynnodd Elin.

Eisteddodd Pádraig, ond safai Dewi yn stond, yn syllu ar Declan a oedd yn eistedd yn ei gadair o. Cofiodd Elin ei ymateb y flwyddyn cynt pan eisteddodd hi yng nghadair ei fam heb ddeall ei harwyddocâd, ac edrychodd ar Rhys am arweiniad. Cododd Rhys a symud i'r sedd wag gan adael ei gadair ei hun yn wag.

'Ty'd i ista yn fan yma, Dewi,' meddai wrtho. Oedodd Dewi am eiliad cyn derbyn y cynnig, ac eistedd yn llanc i gyd ar ben y bwrdd.

'Wnaethon ni ddim dweud dim wrth Granny, 'mond dangos y papur iddi,' meddai Pádraig. 'Mae ganddi hi *overactive imagination*.'

'Ah! That's where you get it from,' meddai Elin, gan gofio nad oedd Declan yn deall Cymraeg.

'You know Declan, don't you, boys?' gofynnodd Rhys.

'Aye,' meddai'r ddau, gan estyn am eu bwyd heb edrych ar y llanc a eisteddai'n lletchwith yn eu mysg.

Er mawr ryddhad i Beca ac Elin, bihafiodd yr efeilliaid yn berffaith yn ystod ac wedi'r pryd, pan aeth pawb i'r ystafell fyw i chwarae cardiau. Ymhen sbel, sleifiodd Elin a Rhys i'r gegin i wneud paned gan adael y to ifanc ar ganol eu gêm.

'Be ti'n feddwl ohono fo?' gofynnodd Rhys.

'Mae o i weld yn hogyn iawn, yn tydi? Braidd yn ddistaw, ond yn ddigon cwrtais.'

'Swil ydi'r creadur, 'de. Mae o'n dod o deulu da, 'sti – ei dad yn teithio i Ddulyn i weithio bob dydd, fel amryw o bobol yr ardal 'ma,' esboniodd Rhys.

'Be mae o'n wneud?' gofynnodd Elin.

'Gweithio yn y ffatri Guinness.'

'Www, mi fasa Guinness bach yn neis rŵan!' meddai Elin, ac wrth i alcohol groesi ei meddwl cofiodd am Elfed. Tybed sut oedd Moli, a hithau'n aros efo'i thad am y tro cyntaf? Penderfynodd yrru tecst sydyn ati. Eiliadau ar ôl ei yrru, canodd ei ffôn.

'Haia Mam! Doedd gen i ddim mynadd tecstio'n ôl felly dwi 'di dy ffonio di.'

Cafodd Elin bwl sydyn o hiraeth o glywed ei llais, er nad oedd ond tridiau ers iddi weld ei merch ieuengaf. Sgwrsiodd Moli'n hapus am ei diwrnod ac am y ffilm y bu'n ei gwylio efo'i thad.

'Ydi Dad yn iawn?' gofynnodd Elin yn obeithiol.

'Ydi siŵr,' atebodd Moli. 'Dad!' galwodd, 'mae Mam yn cofio atat ti!'

Gwingodd Elin, a gwingo mwy byth pan glywodd Elfed yn ateb. 'Cofia fi ati hi hefyd.'

'Well i mi fynd rŵan,' meddai'n anghyfforddus. 'Mae Declan yma efo ni. Ta ta, cariad.'

'Ta-ra Mam! Sws sws!'

'Sws sws!' adleisiodd Elin a diffodd y ffôn.

'Bob dim yn iawn?' gofynnodd Rhys.

'Ydi ... ydi, tad! Ty'd. Well i ni fynd â'r paneidiau 'ma drwodd cyn iddyn nhw oeri.'

Yn yr ystafell fyw roedd Beca a Declan yn eistedd ar y soffa yn dal dwylo'i gilydd a Liam yn gwylio'r teledu. Doedd dim sôn am yr efeilliaid. Gosododd Elin y cwpanau ar y bwrdd coffi, a chael cip ar Dewi a Pádraig yn sleifio i mewn yn ddistaw a sefyll y tu ôl i'r soffa. Roedd ganddyn nhw ffidil bob un. Gosododd y ddau eu ffidlau ar eu hysgwyddau a dechrau chwarae cân y Beatles, 'She Loves You' yn ara deg. Neidiodd y ddau gariad pan glywsant y gerddoriaeth, a gollwng dwylo'i gilydd yn syth.

Dechreuodd Rhys a Liam chwerthin er gwaethaf eu hymdrechion i beidio, ac edmygodd Elin y bechgyn am fedru canu'r offerynnau mor dda a hwythau ond wedi'u cael nhw ers y Dolig. Doedd Beca, fodd bynnag, ddim yn gweld y peth yn ddigri o gwbwl, a dechreuodd luchio clustogau atyn nhw nes bod y ddau'n dawnsio i'w hosgoi, heb unwaith fethu nodyn. Roedden nhw'n edrych fel dau bicsi mawr drwg.

Pan oedd hi'n amser i Declan fynd adref, cynigiodd Liam fynd â fo. Cerddodd Beca efo'r ddau at y car, yn dal i ymddiheuro am yr ymosodiad cerddorol. Drwy ffenest y stafell fyw gallent weld Dewi a Pádraig, oedd wedi gwasgu eu cegau ar y gwydr ac yn gwneud sŵn cusanu. Ar ôl i'r car yrru i ffwrdd martsiodd Beca yn ôl i'r tŷ.

'Reit ! Lle maen nhw? Dwi'n mynd i'w lladd nhw!'

Clywyd sŵn traed yr hogiau'n sgrialu i fyny'r grisia. Trodd Rhys at Elin. 'Mi fysa'n well i ni ddechrau dod i arfer efo hyn, ma' siŵr,' meddai gan wenu.

Trodd stumog Elin wrth feddwl beth fyddai ymateb Beca i fyw'n barhaol efo'r bechgyn direidus.

Gwawriodd dydd Mawrth yn dipyn brafiach, a chan fod criw eisoes wedi bwcio taith feicio roedd hwyliau gwell ar Rhys. Roedd yn hapusach fyth pan glywodd fod y criw yn y byncws yn brolio'r llety ar ôl cael noson dda o gwsg, a'u bod am aros noson ychwanegol i fanteisio ar y tywydd gwell.

Cododd Beca'n gynnar gan ei bod hi a Declan yn mynd ar y bws i Ddulyn am y diwrnod. Roedd Elin wedi gwneud iddi addo y byddai'n ôl erbyn swper, gan mai dyna pryd roedd hi a Rhys wedi penderfynu dweud wrth y plant am eu perthynas. Roedd yr achlysur yn galw am bryd arbennig, a pharatôdd Elin i fynd i'r archfarchnad yn Bray, y dref agosaf, i brynu cynhwysion. Byddai dianc o'r tŷ am gyfnod hefyd yn rhoi cyfle iddi feddwl sut i ddelio â'r cwestiynau oedd yn siŵr o godi: oedden nhw am fyw efo'i gilydd, ac os hynny, yn lle? Gwyddai'r ateb i'r cwestiwn cyntaf, ond roedd yr ail yn fwy o broblem.

Wrth groesi'r iard tuag at gar Rhys, gwelodd Elin fod Kevin yn sefyll ar ei ben ei hun ger y cwt beics, yn disgwyl am ei gwsmeriaid cyntaf. Penderfynodd fachu'r cyfle i gael sgwrs sydyn efo fo.

'Was Betty all right last night?' gofynnodd iddo. 'I think the boys might have wound her up a bit about the bed and breakfast thief.'

'They did a bit!' Gwenodd Kevin arni. 'Winding Granny up is one of their favourite pastimes, I think.'

'There's no news about the thief, I take it?'

'No, not that I've heard.'

'He seemed a nice man, your friend the sargeant,' meddai Elin, gan fethu peidio â physgota am reswm pam roedd Kevin wedi gwrido o'i weld.

'Yes, he is. Well, I'd better get on ...' Dechreuodd Kevin gerdded i ffwrdd, ond stopiodd yn stond pan glywodd eiriau nesaf Elin.

'I saw Sinead in the village yesterday.' Trodd Kevin i edrych arni. 'She didn't look at me. Walked straight past.'

'Perhaps she didn't see you?' cynigiodd Kevin.

'Oh, she saw me alright. I've been trying to think what I could have done to offend her ...' Edrychodd Kevin ar ei draed. '... I'm guessing she knows I told you her secret.'

Gwingodd Kevin cyn ateb. 'Aye, well, I took your advice and let her know that there was never going to be a future for her and me.'

'I would have preferred it if you hadn't told her I told you,' meddai Elin. Doedd dim llawer o ots ganddi nad oedd Sinead yn siarad efo hi, ond roedd hi'n credu y byddai'n well ei chael fel ffrind na gelyn.

'Sorry,' meddai Kevin. 'I didn't mean to, it just kind of slipped out.'

'And did you tell her ... everything?' gofynnodd Elin.

Edrychodd Kevin ymaith eto. 'That bit wasn't easy, but I will. I'll tell everyone. I'm building up the courage.'

Edrychodd Elin arno yn llawn cydymdeimlad. 'I can appreciate it's not easy.'

'It certainly isn't. Rory can testify to that.'

Dwi wedi deall sgwrs y merched yn y siop yn iawn felly, meddyliodd Elin.

'I'd better go. See you at lunchtime,' meddai Kevin, gan gerdded i ffwrdd.

'I might be a bit late for lunch,' meddai wrtho. 'I'm popping over to Bray. Will you tell Rhys? I've made some soup – it's on the Aga.'

'Will do!'

Roedd hi'n ddau o'r gloch arni'n dychwelyd i An Teach Ban, a hynny am ei bod wedi penderfynu mynd am dro ar hyd y traeth yn Bray. Bu'n synfyfyrio yno am amser hir, yn syllu dros y môr i gyferiad Cymru oedd mor agos ac eto mor bell.

Pan gyrhaeddodd yn ôl doedd dim sôn am neb yn y tŷ – roedd basged Flynn, hyd yn oed, yn wag a doedd o ddim wedi rhedeg allan i gyfarth ei groeso iddi. Tynnodd ei chôt, ac roedd hi wrthi'n gwagio'i bag neges pan glywodd sŵn yn dod o'r tu allan. Aeth i'r ffenest i weld be oedd yn mynd ymlaen, a gwelodd Pádraig yn rhedeg yn wyllt ar draws y buarth.

'Anti Elin! Anti Elin!' gwaeddodd, wrth gyrraedd drws y tŷ, ''dan ni wedi'i ddal o!' Roedd ei lygaid fel soseri.

Edrychodd Elin yn hurt arno. 'Dal pwy?'

'Y *bed and breakfast thief*! 'Dan ni wedi'i ddal o!'

'Be ti'n feddwl? Be ddigwyddodd?'

'Ddaeth o yma ... ddaeth o i'r cwt i drio bwcio stafell! Dewi a fi oedd wrth y ddesg achos mae Liam 'di mynd i nôl partiau beic o'r pentre.' Roedd y bachgen wedi cyffroi cymaint nes ei fod yn dawnsio, a'r geiriau'n baglu allan o'i geg.

Tynnodd Elin anadl ddofn er mwyn sadio'i hun. 'O mam bach!' meddai. 'Lle mae o rŵan? Ydach chi wedi ffonio'r Garda?'

'Naddo! Mynd i wneud o'n i rŵan pan welis i fod y car yn ôl. Mi wnaethon ni actio'n hollol *calm* a'i fwcio fo i fewn, a mynd â fo draw i'r byncws. Pan aeth o i mewn i'r stafell wely mi wnes i ei gloi o yno.'

'Lle mae Dewi?'

'Yn sefyll tu allan i'r drws efo Flynn yn ei warchod o.'

'O, rargian ...' Estynnodd Elin ei ffôn â dwylo crynedig. 'Be 'di rhif yr heddlu yn 'Werddon 'ma? 999?'

'Ia, mi wneith hwnnw, neu 112.'

Dechreuodd Elin bwyso sgrin ei ffôn. 'Dos i nôl Dewi, ac ewch i'r tŷ a chloi'ch hunain i mewn,' gorchmynnodd. Ceisiodd sawl gwaith i daro'r rhifau cywir gan fod ei bysedd yn crynu cymaint.

''Sdim rhaid i chi ffonio – drychwch!' meddai Pádraig. 'Mae'r Garda yma! Mae'n rhaid bod Dewi wedi'u ffonio nhw ar ei fobeil.'

'Diolch i'r drefn!' Dechreuodd Elin redeg i gyfeiriad y car oedd yn gyrru at y tŷ, â Pádraig wrth ei hochr.

'Gawn ni *reward* dach chi'n meddwl?' gofynnodd y llanc.

Daeth car y Garda i stop a chamodd Sargeant O'Donnell ohono gan osod ei het ar ei ben.

'Thank you for coming so quickly!' meddai Elin wrtho.

'He's over there!' meddai Pádraig, gan bwyntio at y byncws.

Edrychodd Rory yn ddryslyd arnynt. 'I'm sorry?' meddai. 'Were you expecting me?'

'Yes! Didn't Dewi just call you?' atebodd Elin.

'No. Well, I haven't had a call out, anyways. I was just calling to tell you that the bed and breakfast thief has been caught.'

'Yes, he's over there!' meddai Pádraig. 'We've locked him in the bunkhouse.'

'*Who* have you locked in the bunkhouse?' gofynnodd Rory, gan edrych yn fwy dryslyd fyth.

'The bed and breakfast thief,' ailadroddodd Pádraig. 'He came looking for a room so we tricked him into getting into the bedroom, and locked him in!' meddai'n llawn balchder.

Edrychodd y sarjant arno am eiliad. 'The thief is safely locked up in Dublin jail, and has been since early this morning when he was caught making his getaway from a bed and breakfast in Blessington.'

'Then who have they locked in the bunkhouse?' gofynnodd Elin.

Trodd y plismon i edrych ar Pádraig.

'Wps!' meddai hwnnw, a'i wyneb yn wyn fel y galchen.

Bu chwerthin a rhialtwch mawr dros swper wrth i Liam a Beca bryfocio'r efeilliaid yn ddidrugaredd am eu camwedd. Drwy lwc roedd Mr Johnson, y gwestai druan, wedi gweld ochr ddoniol y sefyllfa yn y diwedd, ar ôl ymddiheuro taer gan Rhys, a chynnig i aros yn y byncws am ddim am noson.

'Well i ti fynd â'r rhain i gael testio'u llygaid, Dad,' awgrymodd Liam. 'Mae'r dyn yn y byncws tua throedfedd yn dalach a deng mlynedd yn hŷn na'r dyn yn y llun CCTV!'

'O leia mi wnaethon ni rwbath! Tasa'r lleidr go iawn wedi dod yma mi fasat ti ormod o ofn gwneud dim byd!' mynnodd Dewi.

'Mae gan Granny fwy o gyts na chdi!' ychwanegodd Pádraig. Chwerthin wnaeth Liam.

'Does dim byd o'i le mewn bod yn wyliadwrus,' meddai Rhys. 'Ond os bydd sefyllfa fel hyn yn codi eto, ffoniwch fi cyn gwneud dim, plis!' Pan sylwodd Elin ar wynebau pwdlyd yr efeilliaid penderfynodd fynd i nôl y pwdin, gan wybod fod gan y ddau ddant melys.

'Pwy sy isio darn o hon?' gofynnodd, gan gario clamp o baflofa fawr, yn llawn ffrwythau ffres, at y bwrdd. Cododd ysbryd y bechgyn yn syth.

'Fi!' meddai'r ddau ar unwaith.

'Iawn 'ta, gewch chi y darnau cynta,' meddai Elin wrthynt.

'A'r darnau mwya!' meddai Dewi.

'A'r darnau mwya,' cytunodd Elin gan wenu.

Ar ôl i bawb grafu eu powlenni yn lân, tynnodd Elin anadl ddofn ac edrych ar Rhys. Gwenodd hwnnw arni cyn clirio'i lwnc.

'Cyn i ni ddechra clirio'r llestri, mae gan Elin a fi rwbath i'w ddeud wrthach chi.' Trodd at Elin oedd yn eistedd nesa ato, a gafael yn ei llaw.

Edrychodd Elin i ffwrdd yn nerfus. Roedd hi wedi mynnu mai Rhys ddylai wneud y cyhoeddiad mawr gan ei bod yn credu y byddai'r bechgyn yn derbyn y newyddion yn well gan eu tad, ac a bod yn onest, fyddai ganddi hi ddim syniad sut i ddechrau dweud wrth y plant ei hun.

'Fel dach chi'n gwybod, mae Elin a finna wedi bod yn ffrindia ers pan oeddan ni'n fengach na chi,' dechreuodd Rhys, gan osgoi'r llygaid oedd yn edrych yn ddisgwylgar arno. Cliriodd ei lwnc eto a synhwyrodd Elin ei fod yntau hefyd yn nerfus. 'Ond yn yr wythnosau dwytha 'ma,' parhaodd, '... wel, mae petha wedi, wedi ... newid. Hynny ydi ... ym ... 'dan ni ...' Edrychodd arni am arweiniad.

'Rydan ni wedi ... 'dan ni *yn* ...' ceisiodd Elin orffen ei frawddeg.

'Dach chi'n gariadon rŵan!' cyhoeddodd Beca.

'Ydan,' meddai Rhys, a'i lais yn llawn rhyddhad bod rhywun wedi dod o hyd i'r geiriau priodol.

'Deudwch rwbath 'dan ni ddim yn wybod, ia?' meddai Beca.

Edrychodd Elin arni'n syn. 'Dan ni'n gwybod ers Dolig, yn tydan?' Edrychodd ar Liam.

Nodiodd hwnnw, â gwên lydan ar ei wyneb.

'Ydan?' gofynnodd yr efeilliaid efo'i gilydd, gan edrych yr un mor syn ag Elin.

'Mi rois i gyfle i ti ddeud wrtha i ar y ffordd yma dydd Sadwrn, yn do, Mam? Pan ddeudis i wrthat ti nad oedd raid i ti ddod drosodd efo fi.'

Ysgydwodd Elin ei phen, gan feddwl unwaith eto mor graff oedd ei merch. Hi oedd wedi dweud wrth Liam, mae'n rhaid, ond roedd yn gwbl amlwg nad oedden nhw wedi trafod y peth efo'r efeilliaid. Edrychodd Elin ar y ddau er mwyn dal eu hymateb. Roedd hi'n poeni sut y byddai Dewi, yn enwedig, yn derbyn y newyddion gan mai fo oedd wedi stryglo fwyaf ar ôl colli'i fam.

'Ydi hyn yn golygu y cawn ni fwy o baflofas?' gofynnodd Pádraig efo gwên.

'Siŵr o fod,' atebodd Rhys. Lledodd gwên dros wyneb Dewi hefyd, a gollyngodd Elin anadl o ryddhad. *So far so good*, meddyliodd.

'Ydan ni'n symud yma i fyw?' gofynnodd Beca yn blwmp ac yn blaen.

Edrychodd Elin ar Rhys. 'Wel ...'

'Mi fysa hi'n anodd iddyn nhw ddod aton ni, yn basa?' parhaodd Beca. 'Yn un peth does 'na ddim lle yn nhŷ Taid, ac yn ail, mae'r busnes yn fama, yn tydi?'

'Ydi ...' atebodd Elin, gan sylweddoli bod Beca eisoes wedi ystyried popeth yn ddwys.

'Ga i dy lofft di 'ta?' gofynnodd y ferch i'w mam. Edrychodd Elin ar Rhys.

'Cei tad!' atebodd hwnnw. 'Ond mi fydd yn rhaid i ti fynd i gysgu at Moli pan fydd Mam yn dod draw o Gymru.'

'Ga i ddarn arall o bwdin?' gofynnodd Dewi.

Dechreuodd Elin biffian chwerthin, piffian a drodd yn chwerthin o waelod ei bol, a hynny o ryddhad yn fwy na dim arall. Ymunodd pawb arall efo hi, heb ddeall yn iawn pam.

Yng nghanol y miri clywyd cnoc ar y drws cefn, a cherddodd Betty i mewn i'r gegin. Tawodd Elin a Rhys yn syth.

'And what's going on here, then?' gofynnodd.

'Dad and Anti Elin are in love, and Anti Elin and the girls are coming to live with us!' datganodd Pádraig yn hapus.

Teimlodd Elin fwy o chwerthin nerfus yn byrlymu y tu mewn iddi pan welodd yr olwg sur ar wyneb Betty, a throdd ei phen i geisio rheoli'i hun.

Pennod 9

'Iŵ hŵ! 'Dan ni adra!' galwodd Elin wrth gamu i mewn i dŷ ei thad am hanner awr wedi un y prynhawn canlynol. Rhuthrodd Taffi i'w chyfarch, a neidio o amgylch ei choesau.

'Lawr! Lawr!' gorchmynnodd, ond yn ofer.

'Lawr!' meddai Moli ac ufuddhaodd y ci'n syth. Dim ond un meistres oedd gan Taffi, a Moli oedd honno. Camodd Moli dros y ci i roi coflaid i'w mam, a gwasgodd Beca heibio iddi ar ei ffordd i'r llofft.

'Iawn, Moli?' gwaeddodd dros ei hysgwydd.

'Dwi mor falch o dy weld di, cariad,' meddai Elin wrth ei merch ieuengaf. 'Wyt ti wedi cael amser da?'

'Do, diolch. A chditha?' gofynnodd.

'Do. Amser difyr iawn,' atebodd Elin. 'Mae gen i lot i'w ddeud wrthat ti. Lle mae Taid?'

'Wedi picio i weld Anti Megan drws nesa.'

Cadw allan o'r ffordd er mwyn iddi hi gael cyfle i siarad efo Moli oedd o, meddyliodd Elin. Roedd hi wedi ei ffonio o Gaergybi i ddweud eu bod wedi docio, ac i'w geryddu am ddweud wrth Megan am ei pherthynas hi a Rhys. Pan ffoniodd Rhys ei fam y noson cynt i ddweud y newyddion wrthi, cafodd sioc o glywed ei bod hithau hefyd eisoes yn gwybod gan fod Alun wedi dweud wrthi – a hynny fisoedd ynghynt!

'Dos di i roi'r teciall i ferwi tra bydda i'n cadw'r bagia 'ma, wnei di?' gofynnodd Elin i Moli. 'Dwi jest â thagu isio panad.'

Arhosodd Beca hithau yn ei llofft er mwyn rhoi cyfle i Elin siarad efo Moli. Eisteddodd y ddwy ar y soffa, a mŷg o de bob un yn eu dwylo. Ar ôl iddi ddweud hanes yr efeilliaid a'r lleidr, ac ar ôl i Moli stopio chwerthin, newidiodd Elin y pwnc.

'Gwranda rŵan, ti'n gwybod bod Yncl Rhys a finna'n dipyn o ffrindia, yn dwyt?'

'Ydw siŵr!' atebodd Moli, a dechreuodd Elin ddyfalu fod Moli hefyd yn gwybod eu cyfrinach.

'Wel ... weithiau mae cyfeillgarwch yn gallu troi yn rwbath mwy, rwbath dyfnach.'

'True love is friendship set on fire,' meddai Moli.

Edrychodd Elin arni. 'Ia ... ia, rwbath fel'na. Lle glywist ti hynny?'

'Mae gan mam Seren lun efo'r geiriau yna arno fo ar wal y gegin,' atebodd.

'O! Wel ... mae hynny wedi digwydd i mi ac Yncl Rhys,' meddai Elin yn bwyllog.

Edrychodd Moli arni'n ddiddeall am eiliad. 'Be? Wyt ti ac Yncl Rhys *in love*?'

'Ydw. Ydan,' atebodd.

Syrthiodd wyneb Moli. 'Ond be am Dad?'

Syrthiodd wyneb Elin i'w chanlyn. Doedd hyn ddim yn mynd i fod mor hawdd. 'Rŵan, cariad bach, mi wyddost ti nad ydi Dad a finna mewn cariad bellach. 'Dan ni wedi bod drwy hyn, yn do? Mae o'n rwbath sy'n medru digwydd, a does dim bai ar neb,' meddai, yn benderfynol o beidio â bod yn un o'r mamau hynny fyddai'n pardduo enw tad eu plant. Roedd o'n dad iddyn nhw wedi'r cyfan, ac roedd hi am iddyn nhw gael perthynas dda efo fo.

'Ond mae Dad dal mewn cariad efo chdi!' mynnodd Moli. 'Dwi'n gwybod ei fod o, achos mae o'n mynd yn drist i gyd bob tro 'dan ni'n sôn amdanat ti.'

Ochneidiodd Elin. 'Fydd dy dad a finna byth yn mynd yn ôl at ein gilydd,' meddai, mor dyner ag y gallai. Crymodd ysgwyddau Moli a dechreuodd dagrau rowlio i lawr ei bochau, ac o weld ei merch yn edrych mor ofidus teimlodd Elin ei thu mewn yn tynhau a dagrau'n pigo cefn ei llygaid hithau. 'Ty'd rŵan, Moli bach, paid ag ypsetio. Mae Dad a fi'n dal yn ffrindiau, ac mi wyt ti'n cael ei weld o'n ddigon aml.' Sychodd Moli ei llygaid â chefn ei llaw. 'Ac mi wyt ti'n licio Yncl Rhys, yn dwyt? Dach chi'n dipyn o ffrindiau, tydach?'

Cofiodd yn ôl i ddiwrnod pen blwydd Moli ddiwedd yr haf, pan roddodd Rhys feic iddi yn anrheg. Roedd o'n arwr iddi y diwrnod hwnnw. Nodiodd ei merch, a llifodd ton o ryddhad dros Elin: roedd cael sêl bendith Moli i'w pherthynas yn bwysig iawn iddi. 'Ac mae o'n meddwl y byd ohonat ti, a ...'

Torrodd Moli ar ei thraws. 'Ydan ni'n symud i fyw i 'Werddon?' gofynnodd.

'Wel ... tydan ni ddim wedi trefnu petha'n iawn eto, ac yn sicr ddim rŵan, ond ...'

'Ydan?' Mynnodd Moli ateb pendant.

'Ma' siŵr y byddwn ni,' atebodd Elin yn ddistaw.

'A gadael Dad ar ben ei hun?' gofynnodd Moli, ei dagrau'n llifo go iawn erbyn hyn. Roedd rhan o Elin eisiau agor llygaid Moli i'r gwirionedd am ei thad – ei ddiogi, ei gelwyddau, ei feddwdod – ond brathodd ei thafod. Cododd Moli ar ei thraed a gollwng ei mŵg ar y llawr yn ei brys i redeg drwy'r drws ffrynt.

'Moli! Moli!' gwaeddodd Elin ar ei hôl.

'Gad iddi fynd,' meddai llais o'r tu ôl iddi. Safai ei thad yn y drws rhwng yr ystafell fyw a'r gegin.

'Ers pryd dach chi'n sefyll yn fanna?' gofynnodd Elin.

'Dim ond ers chydig funudau.'

Eisteddodd Alun wrth ochr ei ferch ar y soffa a rhoi ei fraich am ei hysgwydd. 'Mi ddaw hi at ei choed, 'sti. Doedd hyn ddim yn mynd i fod yn hawdd, nag oedd?' Pwysodd Elin yn ei erbyn a dechrau beichio crio. 'Ty'd rŵan, 'rhen hogan. Paid ag ypsetio dy hun fel hyn.' Estynnodd hances o'i boced iddi.

'Mae'n gas gen i weld y plant yn crio,' ebychodd Elin drwy ei dagrau. 'Yn enwedig o wybod mai fi sy'n creu eu poen nhw ...'

'Twt lol. Tydi hynny ddim yn wir. Ti'n gwneud dy ora glas i'r genod bach 'na, a fasa neb yn medru deud yn wahanol. Paid ti â beio dy hun am ddim. Rŵan, chwytha'r trwyn 'na!'

Gwthiodd yr hances boced i'w llaw a gwenodd Elin arno'n ddiolchgar cyn chwythu ei thrwyn yn swnllyd.

Am bedwar o'r gloch daeth Beca lawr y grisiau, ar ôl treulio dwy awr ar ei gwaith ysgol.

'Lle mae Moli?' holodd

Roedd Elin yn y gegin yn paratoi swper iddi hi ac Alun, gan fod y genod yn treulio bob nos Fercher efo Elfed.

'Dwi'm yn siŵr iawn,' atebodd Elin, gan geisio ymddangos yn ddi-hid. 'A'th hi allan ryw ddwyawr yn ôl a ddaeth hi ddim yn ôl.'

'Tŷ Seren, ma' siŵr,' rhesymodd Beca.

Ffrind Moli oedd Seren. Doedden nhw ddim yn ffrindiau gorau, ond roedd ei rhieni hithau wedi gwahanu ers blwyddyn go dda, ac roedd y ffaith fod y profiad hwnnw ganddynt yn gyffredin wedi dod â'r ddwy'n agosach yn yr wythnosau diwethaf.

'Lle mae Taid?'

'Wedi mynd â Taffi am dro,' atebodd Elin, er ei bod hi'n amau mai wedi mynd i chwilio am Moli yr oedd o.

Erbyn pump o'r gloch roedd Elin wedi rhoi'r gorau i geisio cuddio'i phryder ac yn wirioneddol boenus ynglŷn â diflaniad Moli.

'Lle mae'r hogan 'ma?' Edrychodd ar ei horiawr am y canfed tro. 'Ma' hi bron yn amser i chi fynd i dŷ'ch tad.'

'Ti wedi trio'i ffonio hi?' gofynnodd Beca.

'Do – mae hi wedi gadael ei ffôn yma.'

'Be? Moli wedi mynd allan heb ei ffôn? 'Di hynna ddim 'run fath â hi,' rhyfeddodd Beca, gan wneud i Elin boeni fwy byth. Roedd Alun eisoes wedi dychwelyd ar ôl bod heibio tŷ Seren a chyrchfannau arferol Moli, ond docdd dim sôn amdani yn unman.

'Wnaeth hi ddim cymryd y newyddion yn dda,' cyfaddefodd Elin wrth Beca.

'Amdanat ti ac Yncl Rhys?'

'Ia.'

'Wel, rhaid i ti gofio'i bod hi'n anaeddfed iawn am ei hoed. Er ei bod hi'n un ar ddeg oed ma' hi'n dal i fihafio fel plentyn bach, tydi?'

Gwenodd Elin yn wan arni. 'Lle ddiawch mae hi, dŵad?'

'Fydd hi ddim yn bell, felly paid â phoeni. Jest bod yn ddramatig mae hi. Fydd hi adra pan fydd hi isio bwyd. A sôn am fwyd, wyt ti 'di dweud wrth Dad ei bod hi ar goll?'

Trawodd y geiriau 'ar goll' Elin fel peltan.

'Ar goll?' adleisiodd. 'Ti ddim yn meddwl ei bod hi 'di rhedeg i ffwrdd, nag wyt?'

'Nac'dw siŵr, dim "ar goll" o'n i'n feddwl ... hwyr i swper!' mynnodd Beca, ond yn ofer. Dechreuodd Elin gerdded o gwmpas y gegin yn ceisio gostegu'r panig oedd yn codi yn ei chrombil.

'Ti'n meddwl y bysa'n well i mi ffonio'r heddlu?' gofynnodd, iddi hi'i hun yn fwy nag i Beca.

'Na! *Calm down* rŵan. Erbyn meddwl, dyna lle mae hi ma' siŵr 'de – efo Dad! Fetia i ei bod hi wedi mynd yn syth i dŷ Dad.' Aeth Elin at y cwpwrdd cotiau.

'Lle ti'n mynd?' gofynnodd Beca.

'I Godre'r Foel i chwilio amdani. Ffonia fi'n syth os daw hi adra, plis.' Rhuthrodd drwy'r drws cefn.

'Aros! Dwi'n dod efo chdi!' gwaeddodd Beca ar ei hôl.

Diolchodd Elin nad oedd Elfed wedi cyrraedd adref pan welodd nad oedd ei gar wrth y tŷ. Roedd ganddi oriad i'r drws cefn felly aeth rownd ato, a sylwi'n syth bod goriad eisoes yn nhwll y clo o'r tu mewn, a bod y drws heb ei gloi. I mewn â hi, a Beca'n dynn wrth ei sodlau. Trodd ei thrwyn wrth arogli saim stêl yn y gegin.

Clywodd sŵn y teledu yn dod o'r stafell fyw. 'Moli?' galwodd, ond ni ddaeth ateb. 'Moli?' galwodd eto, gan ruthro i'r ystafell fyw ac agor y drws. Roedd Moli'n gorwedd ar y soffa a chlustffonau am ei chlustiau. Safodd Elin yn stond.

'Moli!' gwaeddodd Beca. Trodd Moli i edrych arnynt a chodi ar ei heistedd.

'Mam!' meddai. 'Faint o'r gloch ydi hi?'

'Ugain munud wedi pump,' atebodd Beca.

Rhuthrodd Elin tuag ati, gan gamu dros y platiau a'r mygiau budron ar y llawr, ei rhyddhad yn llifo ohoni mewn bloedd uchel.

'Lle ddiawl ti 'di bod? Dwi 'di bod yn poeni f'enaid!' Gwnaeth Moli geg gam ac edrychai fel petai ar fin dechrau crio. Gafaelodd Elin amdani. 'Sori, Moli,' meddai. 'Sori, do'n i ddim 'di bwriadu gweiddi arnat ti. Dwi jest mor falch o dy weld di.'

'Sori, Mam,' ymddiheurodd Moli, 'wnes i ddim sylwi faint o'r gloch oedd hi. Ro'n i wedi bwriadu dod adra ... mi ddois i yma am 'mod i isio llonydd am chydig.'

'Mae'n iawn. Wyt ti'n ocê?'

'Ydw. Sori am dy ddychryn di,' ymddiheurodd eto, gan osgoi llygaid ei chwaer oedd yn edrych yn amheus arni.

'Iawn, ond paid â meiddio gwneud y ffasiwn beth eto, plis,' erfyniodd Elin. 'Well i mi fynd,' ychwanegodd. Doedd hi ddim eisiau bod yn y tŷ pan gyrhaeddai Elfed adref. Rhoddodd gusan i Moli ar ei phen a gwasgodd law Beca. 'Peidiwch â sôn gair wrth Dad amdana i a Rhys, plis. Mi ddeuda i wrtho fo fy hun.' Roedd 'na ran ohoni fyddai wedi hoffi i'r genod ddweud wrtho fel na fyddai'n rhaid iddi hi wneud, ond gwyddai mai bod yn gachgi fyddai hynny.

'Pryd?' gofynnodd Beca.

'Yn fuan. Fory. Ddo' i i'w weld o fory.'

'Iawn,' cytunodd Beca. 'Iawn, Moli?' rhybuddiodd.

Nodiodd Moli ei chytundeb.

Tynnodd Elin ei chôt yn dynnach amdani. Eisteddai ar fainc fechan yng ngardd gefn ei thad yn siarad ar y ffôn efo Rhys ac yn gwylio Taffi'n sniffian o gwmpas yn y tywyllwch. Roedd hi wedi gwirfoddoli i fynd â'r ci allan er mwyn bachu ar y cyfle i gael sgwrs breifat efo Rhys. Roedd hi bron yn chwech o'r gloch ar nos Iau ac roedd hi wedi trefnu efo Elfed y byddai'n mynd i Godre'r Foel am sgwrs am hanner awr wedi chwech.

'Paid â chymryd dim lol ganddo fo,' rhybuddiodd Rhys hi.

'Wna i ddim,' atebodd, ei llais yn bradychu ei nerfusrwydd.

'Ti 'di gwneud y peth anodda wrth ddweud dy fod di'n ei adael o,' cysurodd Rhys.

'Do,' cytunodd Elin, er bod llais bach yn dweud wrthi y gallai hyn fod yn waeth.

Crio a phledio ac addo'r byd wnaeth Elfed pan ddywedodd hi wrtho ei bod hi'n ei adael, yn symud at ei thad, ac yn mynd â'r genod efo hi, ond cafodd Elin y teimlad nad oedd o wir wedi derbyn bod popeth drosodd. Hyd yn oed rŵan, a'r broses gyfreithiol wedi dechrau ac Elfed wedi arwyddo'r papurau i gytuno i'r ysgariad, roedd o'n dal i ymddangos fel petai'n glynu at ryw obaith y byddai hi'n newid ei meddwl, dim ond iddo fo brofi iddi ei fod wedi stopio yfed. Roedd o fel petai'n methu, neu'n gwrthod, gweld bod y berthynas wedi suro cymaint fel nad oedd modd ei hachub.

'Wyt ti am ddweud wrtho fo am fwrw iddi efo gwerthu'r tŷ hefyd?' gofynnodd Rhys.

'Dwi 'di gofyn iddo fo wneud hynny'n barod, ond gwnaf, mi sonia i eto. O leia mae o wedi cytuno ar gyfraniad tuag at gadw'r genod rŵan fod proses yr ysgariad yn mynnu ei fod o'n gwneud hynny.'

'Dwyt ti ddim ei ofn o, nag wyt?' gofynnodd Rhys yn bryderus.

'Nac'dw siŵr.' Doedd hynny ddim yn wir – roedd ei stumog yn corddi a theimlai'n sâl.

'Mi fedra i ddod draw acw fory nesa er mwyn i ni ddeud wrtho fo efo'n gilydd, os fysa'n well gen ti hynny,' cynigiodd Rhys.

'Na! Diolch i ti. Fydda i'n ocê.' Dychmygodd Elin y tân gwyllt petai Rhys yn mynd efo hi i weld Elfed.

'Wel, ffonia fi ar ôl i ti fod yno 'ta,' siarsiodd Rhys.

'Mi wna i,' addawodd Elin. 'Gawn ni air wedyn.' Diffoddodd y ffôn a'i wthio i boced ei chôt.

'Ty'd, Taffi bach,' galwodd ar y ci. 'Ty'd, i mi gael hyn i gyd drosodd.'

Roedd arogl pinwydd yn llenwi'r gegin pan agorodd Elfed y drws cefn iddi. Roedd o wedi bod yn glanhau am ei bod hi'n galw, meddyliodd.

"Sdim rhaid i ti gnocio, 'sti,' meddai Elfed. 'Ty'd i mewn.'

Camodd Elin i mewn i'r gegin yn betrusgar.

'Ty'd drwadd.'

'Na, dwi'n iawn yn fama, diolch,' mynnodd Elin. Edrychodd o'i chwmpas yn slei a sylwi ar y staeniau ar y bwrdd, ôl saim ar hyd y stof a llwydni du o amgylch y sinc. Taniodd ffiws o dymer yn ei chrombil. Roedd hi wastad wedi cadw'r tŷ fel pìn mewn papur ac roedd gweld y lle wedi'i esgeuluso fel hyn yn ei chorddi. Ei thŷ hi oedd o hefyd, wedi'r cyfan, ac mi fyddai ei werth o'n gostwng petai Elfed yn gadael i'w gyflwr ddirywio.

'Siwtia dy hun,' meddai Elfed. 'Ond stedda, o leia.' Estynnodd gadair iddi ac eisteddodd Elin ar ei blaen. Gosododd Elfed ei hun gyferbyn â hi, yr ochr arall i'r bwrdd.

'Diolch i ti am yrru papurau'r ysgariad yn ôl,' meddai Elin.

'Doedd gen i fawr o ddewis, nag oedd. Doedd o ddim yn hawdd 'sti, gweld y rhestr 'na o gwynion roeddat ti wedi'u gwneud yn f'erbyn i.'

'Nag oedd, ma' siŵr,' cyfaddefodd Elin. 'Ond mi oedd pob un yn wir.' Brathodd Elin ei thafod rhag ofn iddi ddweud mwy – roedd hi wedi dweud gormod yn barod, a doedd hi ddim eisiau dechrau ffrae. 'A diolch am setlo ar swm y taliadau ar gyfer y genod. Mae'r cynta wedi dod drwadd yn iawn,' meddai'n frysiog i droi'r pwnc. 'Wyt ti wedi meddwl mwy am werthu'r tŷ?'

Croesodd cysgod dros wyneb Elfed ac ochneidiodd. 'Lle ti'n disgwyl i mi fyw, Elin?' gofynnodd.

'Wel, â phob parch, nid fy mhroblem i ydi honno.'

'Ond siawns dy fod ti isio i'r genod ddod ata i i le call?'

'Ydw, ac mae hynny'n hollol bosib, tydi. Dwi'n siŵr y cawn ni tua dau gant a hanner o filoedd am hwn, a dim ond hanner can mil o forgej sy ar ôl, sy'n gadael tua can mil yr un i ni, yn glir. Mi fasa hi'n ddigon hawdd i ti gael tŷ bach rownd ffor'ma heb orfod cael llawar o fenthyciad.'

'A be os nad ydw i isio byw rownd ffor'ma? Be os ydw i isio tŷ gwell na blydi tŷ teras yn Rhosyreithin? Ti'm yn meddwl 'mod i wedi gweithio'n ddigon caled dros y blynyddoedd i gael tŷ go lew, o leia?' gofynnodd yn flin.

'Dim caletach na fi!' brathodd Elin, yn gwneud ei gorau glas i ddiffodd ffiws ei thymer hithau. 'A be sydd o'i le mewn tŷ teras yn Rhosyreithin?' gofynnodd. 'Ges i fy magu mewn tŷ teras a dwi'n byw mewn un rŵan. Os wyt ti isio tŷ gwell, defnyddia'r etifeddiaeth gest ti ar ôl dy rieni – mi fasat ti'n medru ei ddefnyddio fo i 'mhrynu i allan a chadw'r tŷ yma tasat ti isio, jest abowt,' meddai.

Cododd Elfed a cherdded at y sinc. 'Ti'n gwybod 'mod i ddim isio cyffwrdd yn hwnna! Pres at y dyfodol ydi o, pres i'r genod fynd i'r coleg a ballu, pres nath 'y nhad weithio'n galed amdano fo.'

'Ac mi wyt ti'n ymwybodol o'r ffaith fod gen i, dy wraig di, hawl i'w hanner o. Ond dwi wedi deud wrthat ti nad ydw i isio ceiniog ohono fo. Dwi 'di cytuno i daliadau llai am gadw'r genod nag y basat ti wedi gorfod eu gwneud tasan ni wedi mynd drwy'r llysoedd. Dwi'n gwneud bob dim yn fy ngallu i hwyluso petha i ti, Elfed!' meddai, ei llais yn crynu dan deimlad.

'O, chwarae teg i chdi,' atebodd Elfed yn chwerw, gan droi oddi wrthi a phwyso dros y sinc. 'Fy mhres i sydd wedi talu'r morgej ar y tŷ 'ma, felly fi ddylai gael y siâr fwya.'

Tynnodd Elin anadl ddofn. Gan bwyll rŵan, meddai wrthi'i hun, yn cwffio'r ysfa i sgrechian.

'A fi sydd wedi edrych ar ei ôl o dros y blynyddoedd – drycha golwg sy ar y lle ers i ti fod yma dy hun. A 'nghyflog i sydd wedi talu am ei gynnal a'i gadw fo – a Dad dalodd y blaendal pan brynon ni'r tŷ, felly dwi'n llwyr haeddu hanner ei werth o ... a dwi isio'i gael o cyn gynted â phosib!' mynnodd.

'Be 'di'r brys, felly?' gofynnodd Elfed gan droi i'w hwynebu.

Edrychodd Elin i ffwrdd a gostyngodd ei llais. Tynnodd anadl ddofn arall. 'Dwi isio symud ymlaen efo 'mywyd,' meddai.

Syrthiodd tawelwch annifyr rhyngddynt a throdd Elin i edrych ar Elfed. Roedd o'n syllu arni.

'Sgin ti rywun arall?' gofynnodd.

Nid dyma'r tro cyntaf iddo ofyn. Gwadu wnaeth Elin bob tro hyd yma, ond y tro hwn edrychodd yn syth i'w lygaid i'w ateb.

'Oes.'

Trodd Elfed yn ôl at y sinc a'i daro efo'i ddwrn nes gwneud i Elin a'r llestri oedd ar y *draining board* neidio. Dechreuodd ei chalon guro'n gyflymach.

'Dwi'n 'i nabod o?'

'Wyt,' atebodd Elin mewn llais bach.

Roedd Elfed yn dal i fod â'i gefn ati. 'Pwy ydi o?' brathodd.

Oedodd Elin guriad cyn ateb. 'Rhys,' meddai. Daliodd ei gwynt.

Trodd Elfed i'w hwynebu eto. Roedd ei wyneb yn welw a'i lygaid yn ddisglair a saethodd ias drwyddi.

'Rhys?' meddai. 'Ffycin Rhys 'Werddon?'

Nodiodd Elin. Dechreuodd Elfed chwerthin yn afreolus. 'Dyna pam est ti yno llynedd, felly! Doedd o'n ddim byd i'w wneud efo fy yfed i yn y diwedd!'

Cododd Elin ar ei thraed mewn tymer. 'Naci siŵr! Paid â dechra meddwl am eiliad nad oes a wnelo hyn â dy yfed di!' Gwasgodd ei hewinedd i gledr ei dwylo i geisio rheoli'i hun. 'Dim ond ers Dolig rydan ni wedi closio.'

'Pa Ddolig?'

'Dolig yma, siŵr iawn.'

'A ti'n disgwl i mi goelio hynny? Ffycin Rhys,' gwaeddodd. 'Mi ... mi wna i ...'

Torrodd Elin ar ei draws. 'Paid â dechra beio Rhys,' meddai'n amddiffynnol.

'Wel, bai pwy arall ydi o 'ta?' gofynnodd, gan afael yn ei braich a'i gwasgu.

'Chdi! Fi! Pwy bynnag!' atebodd gan gipio'i braich yn ôl. 'Roedd ein perthynas ni drosodd ymhell cyn i Rhys ... cyn i ni ...'

'Syrthio mewn cariad?' gwatwarodd Elfed, ei wyneb wedi ystumio ac yn llawn casineb.

Safodd Elin yn ddistaw. Gallai glywed curiad ei chalon yn atseinio rownd y gegin. Roedd arni ofn yr Elfed hwn oedd o'i blaen.

Cawsai gip arno yn y gorffennol, mewn sgyrsiau ffôn yn bennaf, ond dyma'r tro cyntaf iddi fod wyneb yn wyneb â'i gynddaredd.

'Ydi'r genod yn gwybod?' gofynnodd Elfed.

'Ydyn.'

Tarodd Elfed y bwrdd â'i ddwrn a neidiodd Elin eto. 'Ers pryd?'

'Dim ond ers ddoe.'

'Ha! Dwi'n gweld rŵan pam roeddat ti mor awyddus i mi arwyddo'r papurau difôrs mor handi.' Camodd Elfed ati a gafael yn ei hysgwyddau a'u gwasgu nes ei bod yn gwingo mewn poen. 'Wel, os wyt ti'n meddwl am un eiliad y cei di fynd â'r genod i fyw i 'Werddon gei di feddwl eto,' sgyrnygodd.

'Gollynga fi!' gorchmynnodd Elin. 'Ti'n fy mrifo i!'

'Ti'n clywed?' poerodd Elfed i'w hwyneb a'i hysgwyd yn giaidd. 'No ffycin wê wyt ti'n mynd â nhw i 'Werddon!'

Roedd Elin wedi dychryn am ei bywyd ond daeth ton o nerth drosti o rywle. 'Gawn ni weld am hynny!' sgrechiodd. 'Gollynga fi rŵan neu mi wna i'n siŵr na fyddi di byth yn cael gweld y genod eto!'

Tarodd ei geiriau eu targed a gollyngodd Elfed hi. Camodd i ffwrdd a gollwng ei hun i gadair gan adael Elin yn rhwbio'i hysgwydd ac yn crynu fel deilen. Syrthiodd distawrwydd llethol dros y gegin. Ysai Elin am gael rhedeg oddi yno ond roedd ei choesau wedi cloi ac allai hi ddim symud modfedd. Arhosodd y ddau felly am rai eiliadau.

'Sori,' sibrydodd Elfed o'r diwedd. Gwyliodd Elin ei gorff yn sigo fel petai baich y greadigaeth yn pwyso arno. Dechreuodd wylo'n dawel. 'Sori,' mwmialodd eto. 'Sori.'

Ond roedd ei ymddiheuriad yn rhy hwyr, ac unrhyw gydymdeimlad oedd gan Elin ato wedi diflannu yr eiliad y gafaelodd o ynddi. Daeth bywyd yn ôl i'w choesau a throdd ar ei sawdl i'w heglu hi oddi yno, heb ddweud yr un gair arall.

Cerddodd tuag at y parc chwarae bach yr arferai chwarae ynddo pan oedd yn blentyn. Roedd hi wedi cynhyrfu gormod i feddwl am fynd adref. Dim ond un lamp stryd oedd yn ei oleuo, a honno'n taflu ambarél o olau oren ar y giât oedd yn arwain iddo. Roedd hi wedi dechrau smwcian bwrw, a cherddodd Elin drwy len oleuedig o law mân disglair at y rowndabowt oedd dan gysgod coeden. Eisteddodd arno, ac estyn am ei ffôn â dwylo crynedig. Roedd Rhys eisoes wedi ei ffonio, ond doedd hi ddim wedi tawelu digon i ateb ei alwad bryd hynny – roedd arni ofn dweud y cyfan wrtho, rhag iddo wylltio efo Elfed a bygwth dyn a ŵyr be.

Atebodd Rhys y ffôn yn syth. 'Haia. Sut aeth hi? Ti'n iawn?' gofynnodd. Wrth glywed ei lais glynodd llais Elin yn ei gwddw a methodd ddweud gair am eiliad neu ddwy.

'Elin?' meddai Rhys eto, a'i lais yn llawn consýrn. 'Ti'n iawn? Be ddigwyddodd?'

Pan ddarganfyddodd Elin ei llais dywedodd yr hanes wrtho, gan hepgor y ffaith fod Elfed wedi gafael ynddi a'i brifo.

'Ddyliwn i fod wedi meddwl ...' cyfaddefodd Elin ar ôl dweud wrtho am ymateb Elfed ynglŷn â gadael i'r genod symud i Iwerddon. 'Ddyliwn i fod wedi meddwl na fasa fo'n gadael i ni symud atat ti heb wneud pethau'n anodd, os nad yn amhosib.' Roedd hi'n cwffio'i dagrau erbyn hyn.

'Yli, mi fydd bob dim yn iawn, 'sti,' cysurodd Rhys hi. 'A paid â phoeni am bres – mi edrycha i ar dy ôl di a'r genod. Gei di ddeud wrtho fo am stwffio'i bres.'

'Ond mae'n iawn i mi gael fy siâr o werth y tŷ, dwi'n haeddu hynny,' mynnodd Elin.

'Wyt, ac mi gei di. Mi wnawn ni i bethau weithio, hyd yn oed os bydd raid i ni symud i fyw i Gymru.'

Pan glywodd Elin hynny, gwyddai'n bendant mai yn Iwerddon yr oedd hi am fyw. Yn Iwerddon yn ddigon pell oddi wrth Elfed – yn rhedeg y byncws ar lethrau mynyddoedd Wiclo efo'r dyn call, caredig roedd hi'n ei garu â'i holl galon.

Pennod 10

Treuliodd Elin y rhan fwyaf o ddiwrnod olaf ei gwyliau hanner tymor ar y we yn ymchwilio i'w hawliau. Os oedd hi am orfod brwydro yn erbyn Elfed, roedd yn rhaid iddi arfogi ei hun â gwybodaeth o'r gyfraith. Ciciodd ei hun am beidio â sylweddoli na fyddai mynd â'i merched i fyw i Iwerddon yn syml. Doedd dim problem efo Beca gan ei bod hi'n un ar bymtheg ac yn ddigon hen i wneud ei phenderfyniadau ei hun, ond roedd yn stori wahanol efo Moli. Byddai wedi medru mynd â'i phlant i Gaerdydd neu hyd yn oed i Lundain heb orfod gwneud dim mwy na dweud wrth eu tad, a threfnu iddo'u gweld yn rheolaidd, ond er gwaetha'r ffaith fod y siwrne i Knockfree yn fyrrach na'r un i Gaerdydd roedd y rheolau'n wahanol.

Yr unig ffordd y gallai hi fynd â Moli i fyw yno oedd efo caniatâd ei thad, neu brofi drwy'r llysoedd y byddai bywyd ei phlentyn yn llawer gwell o fyw efo'i mam yn Iwerddon. Gallai hynny gostio ffortiwn mewn ffioedd cyfreithiwr, a beryg y byddai'r cyfreithiwr hwnnw'n ei hannog i chwarae'n fudur a thystio bod Elfed yn alcoholig oedd yn methu edrych ar ôl ei hun, heb sôn am ei blant. Er bod y cariad oedd ganddi unwaith at Elfed yn prysur droi'n gasineb, doedd hi ddim am wneud hynny. Y llwybr amlwg, felly, oedd ceisio rhesymu efo fo. Teimlai'n sâl dim ond wrth ystyried y fath beth, ac yn salach fyth wrth feddwl y gallai Moli fynnu aros yng Nghymru i fyw efo'i thad – byddai unrhyw lys yn siŵr o gymryd ei barn i ystyriaeth. Caeodd gaead ei gliniadur a syllu'n ddall ar y papur wal o'i blaen nes i lais llawen Beca ddod â hi'n ôl i'r presennol.

'Dwi 'di gorffen fy ngwaith cwrs Cymraeg! Hwrê!'

Trodd Elin i edrych arni. 'O, da iawn chdi! Ti'n teimlo'n well rŵan ar ôl ei wneud o, dwi'n siŵr.'

'Ydw, lot gwell. Ga i fynd i dŷ Begw heno?'

'Wel ... mi wyt ti i fod i fynd at Dad heno.' Dyna oedd y

trefniant: mynd at eu tad bob nos Wener a dod yn ôl at Elin i gysgu, ac yn ôl at eu tad i dreulio bob yn ail Sadwrn.

'Mi wna i ofyn i Dad 'ta,' meddai Beca.

'Ti'n meindio peidio, jest am heno?'

'Pam?'

Ystyriodd Elin – faint ddylai hi ddweud wrth ei merch? Pan oedd hi wedi ceisio celu pethau rhagddi yn y gorffennol roedd hi wedi deall beth oedd yn mynd ymlaen beth bynnag.

'Dwi wedi deud wrth dy dad amdana i a Rhys neithiwr, a ... wel, doedd o ddim yn rhy hapus am y peth.'

Eisteddodd Beca ar y soffa. 'Nag oedd, ma' siŵr,' meddai. 'Ddeudist ti wrtho fo ein bod ni'n symud i 'Werddon?'

'Ches i ddim cyfle, ond mi ddeudodd yn blwmp ac yn blaen na faswn i'n cael mynd â chi.'

'Oes ganddo fo hawl i'n stopio ni?' gofynnodd Beca mewn syndod.

'Mae ganddo fo hawl i stopio Moli, ond nid chdi.'

'Wel, *dwi*'n mynd! Dwi 'di deud wrth Declan y bydda i'n symud yno cyn gynted ag y bydda i'n gorffen fy arholiadau TGAU,' mynnodd Beca.

Ochneidiodd Elin. Roedd hi'n gwybod pa mor benderfynol y gallai ei merch hynaf fod, a doedd hynny ond yn ychwanegu at ei phenbleth. Beth petai hi ddim yn cael yr hawl i fynd â Moli i Iwerddon, a bod Rhys a'r hogiau'n symud i Gymru? Beth fuasai Beca'n ddweud wedyn? Gwthiodd y syniad hwnnw o'i phen – roedd hi wedi penderfynu mai ar yr Ynys Werdd roedd ei dyfodol, ac roedd ei chydwybod yn glir y byddai perthynas y genod a'u tad yn goroesi'r symud. Gallai hyd yn oed fod yn well perthynas. Hi oedd wedi cario'r baich mwyaf o'u magu – eu bwydo, eu gwisgo a'u diddanu – ac yn dal i wneud hynny. Fu Elfed erioed mewn noson rieni, ac yn y blynyddoedd diweddar roedd o'n aml un ai'n rhy feddw neu efo gormod o ben mawr i wneud dim efo nhw ar benwythnosau. Meddyliodd am ei magwraeth ei hun – roedd ei thad i ffwrdd y rhan helaethaf o'r amser yn gyrru bysys gwyliau, ond wnaeth hynny ddim difetha eu perthynas. I'r gwrthwyneb. Pan oedd o adref roedd o'n treulio amser o sylwedd efo hi, *quality time* chwedl y Sais.

'Ches i'm cyfle i esbonio i dy dad y byddai o'n dal i gael eich gweld chi'n rheolaidd, ond mi wna i,' eglurodd Elin.

'Ti isio i mi drio siarad efo fo?' cynigiodd Beca.

Neidiodd Elin i ateb yn syth. 'Na! Paid â sôn dim am sbel.' Doedd hi ddim am i Beca wneud petha'n waeth. 'Ond dwi yn meddwl y basa'n well i ti fynd ato fo heno, jest rhag ofn iddo fo feddwl 'mod i'n eich cadw chi draw.'

'Iawn,' cytunodd. 'Ond dwi'n mynd i'r sinema efo'r genod fory, *end of*!'

'Ydi Moli'n ôl?' gofynnodd Elin. Roedd Alun wedi mynd â hi i'r dre ar gyfer sesiwn hyfforddiant pêl-droed yn gynharach tra oedd Elin yn siopa bwyd.

'Ddeudodd Taid ddim wrthat ti? Wnaeth hi ddim mynd.'

'Lle mae hi 'ta?'

Cododd Beca ei hysgwyddau. 'Tydi ddim yn y llofft beth bynnag. Ella 'i bod hi 'di mynd efo Taid.'

'Ac i ble aeth hwnnw?' Allai Elin ddim cofio beth ddwedodd o wrth adael y tŷ gan fod ei phen yn ei gliniadur.

'Wn i ddim ... ond wedi mynd i dŷ Seren mae Moli, ma' siŵr.'

'Ond pam nad aeth hi i'r *training* pêl-droed? Dyna ydi bob dim ganddi y dyddia yma.'

'Fel'na mae Moli 'de – gymnasteg oedd bob dim ganddi hi cyn hynny, a rwbath arall fydd hi wsnos nesa!' atebodd Beca.

Estynnodd Elin am ei ffôn i alw'i thad, ond y peiriant atebodd. 'O!' ebychodd yn rhwystredig. 'Wn i ddim pam mae dy daid yn trafferthu cario ffôn. Tydi'r bali peth byth ymlaen ganddo fo.'

'Safio batri mae o, medda fo.'

Penderfynodd Elin yrru neges destun at Moli i ofyn iddi ddod adref, a daeth yr ateb bron yn syth. 'OK. Cychwyn o dŷ Seren rŵan.' Rhoddodd Elin ochenaid o ryddhad, oedd yn gymysg ag edmygedd wrth iddi ryfeddu pa mor sydyn roedd ei merch yn medru tecstio.

Tawedog oedd Moli pan ddaeth adref, a dechreuodd Elin ddifaru nad oedd hi wedi treulio digon o amser yng nghwmni ei merch y diwrnod hwnnw. Eisteddodd Moli ar y soffa yn mwytho Taffi fel petai hi'n dedi bêr.

'Ti'n iawn, 'mach i?' gofynnodd Elin iddi, gan geisio peidio â datgelu ei phryder. Nodiodd ei merch. 'Est ti ddim i'r sesiwn bêl-droed,' ychwanegodd, gan obeithio y byddai Moli'n cynnig rheswm heb iddi orfod gofyn. Roedd hi wedi dysgu o'i phrofiad efo Beca – y mwya y byddai hi'n holi, y lleia y câi ei wybod.

'Naddo,' atebodd Moli.

Eisteddodd Elin wrth ei hochr. 'Doedd gen ti'm mynadd?'

'Na.'

Roedd yn amlwg bod newyddion y diwrnod cynt yn dal i bwyso arni. 'Wyt ti isio peidio mynd at Dad heno?'

'Na.'

'Na, dwyt ti ddim isio mynd, 'ta na, dwyt ti ddim isio *peidio* mynd?'

Gosododd Moli'r ci ar y llawr a chodi ar ei thraed. 'Na, dwi ddim isio peidio mynd,' meddai. 'Mi a' i rŵan 'ta.'

'Ti isio i mi fynd â chi?' cynigiodd Elin. Cerdded eu hunain fyddai'r genod fel arfer, y ddwy wedi hen arfer troedio'r llwybr o Odre'r Foel i Dan yr Eithin ym mhob tywydd, a hynny ers iddyn nhw ddysgu rhoi un droed o flaen y llall, ond heddiw teimlai Elin y dylai hi gynnig.

'Dim diolch.' Safodd Moli yng ngwaelod y grisiau. 'Beca!' gwaeddodd, 'dwi'n mynd at Dad rŵan. Ti'n dŵad?'

'Ocê – rho ddau funud i mi,' gwaeddodd y chwaer fawr yn ôl.

Plygodd Moli i roi mwythau i Taffi, oedd yn gwthio'i hun at ei choes. 'Doedd 'na ddim pwynt mynd i *training*,' meddai, fel petai'n siarad efo'r ci.

'O? Pam?' gofynnodd Elin yn ofalus.

''Sna'm pwynt iddyn nhw fy newis i i'r tîm, nag oes. Fydda i ddim yma i chwarae.'

'Byddi, siŵr. Fasan ni ddim yn mynd i Knockfree yn syth,'

eglurodd ei mam yn dyner. 'Mi fasa'n rhaid i Beca orffen ei harholiadau TGAU gynta, a chditha orffan dy flwyddyn ditha.' Edrychodd Moli ar ei mam am y tro cyntaf. 'Felly 'dan ni ddim yn symud strêt awê?'

'Nac'dan, tad. Mae 'na lot o betha sydd angen eu sortio gynta.'

Edrychai Moli'n hapusach o glywed hynny.

Carlamodd Beca i lawr y grisiau. 'Ta-ra, wela i chdi wedyn, Mam!' galwodd. 'O, dwi 'di cofio lle mae Taid. Aeth o â Megan i'r dre i gael testio'i llygaid.'

Cododd Moli yr ast oddi ar y llawr. Yn bedwar mis oed erbyn hyn roedd hi'n goesau i gyd ac yn llenwi ei breichiau. Rhoddodd y bwndel blewog i'w mam, wrth roi cusan iddi. 'Gafael di yn hon neu mi fydd hi wedi fy nilyn i,' meddai.

Pan glepiodd y drws ar ei hôl, dechreuodd Taffî udo a gwingo.

'O, paid *ti* â dechra!' llefodd Elin.

Pan gyrhaeddodd Alun adref roedd Elin yn cysgu'n sownd ar y soffa a Taffi'n chwyrnu'n ysgafn yn ei chesail. Pan neidiodd y ci i fyny i'w gyfarch, deffrodd Elin mewn dychryn a rhwbio'i hysgwydd, a oedd wedi cleisio ar ôl i Elfed ei gwasgu y noson cynt.

'Cysgu oeddat ti?' gofynnodd Alun.

Cododd Elin ar ei heistedd. 'Dwn i'm ... faint o'r gloch ydi hi?'

'Chwarter wedi chwech.'

'Ma' raid 'mod i wedi pendwmpian, felly. Chysgis i fawr ddim neithiwr.'

'Wyt ti wedi gwneud swper?' gofynnodd Alun.

'Naddo, sori ... mi wna i rwbath sydyn rŵan,' meddai Elin gan godi'n araf.

'Does dim rhaid,' datganodd Alun yn falch, gan ddal bag plastig i fyny. 'Ffish, tships, pys slwj a nionyn picl!'

Gwenodd Elin. Gwyddai ei thad mai dyma'i hoff bryd parod.

''Nes i drio ffonio i ddeud 'mod i am ddŵad â nhw, ond fedrwn i ddim cael y ffôn i weithio, felly mi gymris i'r risg.'

'Oes 'na halan a finag arnyn nhw?' gofynnodd Elin wrth nôl platiau a gosod y bwrdd.

'Wrth gwrs!'

Wrth eistedd i fwyta sylweddolodd Elin ei bod ar lwgu, a hynny am ei bod wedi anghofio bwyta cinio. 'Lyfli!' meddai, wrth wagio'r pys dros y 'sgodyn. 'Jest y peth.'

Roedd cael sgod a sglods yn mynd â hi'n syth yn ôl i'w phlentyndod a'r dyddiau pan oedd siop sglodion yn y pentref. Dyma'r pryd roedden nhw wastad yn ei gael fel trît i groesawu Alun adref oddi ar ei deithiau. Daeth teimlad cynnes drosti wrth gofio'r cyffro o gael ei thad adref a chlywed ei hanesion, a'r edrych ymlaen at yr anrheg fach y byddai'n ei phrynu iddi bob tro. Danteithion melys oedden nhw fel arfer: Kendal Mint Cake o Ardal y Llynnoedd, Tablet o'r Alban, Cleeves Iced Caramels o Iwerddon, ac ambell damaid mwy egsotic o'i deithiau ar hyd a lled Ewrop.

'Diolch, Dad,' meddai rhwng cegeidiau blasus.

'Am be, dŵad?'

'Am y bwyd ... a bob dim arall.'

Gwenodd Alun. 'Os na fedra i edrych ar ôl fy nheulu, wn i ddim be fedra i wneud!' meddai. 'A thra 'dan ni'n sôn am deulu, ti 'di bod yn dawedog ers i ti siarad efo Elfed ddoe. Dwi'n cymryd bod petha ddim wedi mynd yn dda?'

'Naddo. Mi drodd petha'n reit hyll a deud y gwir. Mae o'n gwrthod gadael i mi fynd â'r genod i fyw 'Werddon,' atebodd.

'Oeddat ti'n disgwyl iddo fo adael i chi'ch tair fynd heb wneud ffỳs?'

'Wel, do'n i'm yn meddwl y basa fo'n rhy hapus, ond wnes i ddim sylweddoli y basa fo'n medru'n hatal ni rhag mynd.'

Gosododd Alun ei gyllell a'i fforc ar ei blât. 'Tydi hyn ddim yn hawdd iddo fo, w'sti.'

'Tydi o ddim yn hawdd i mi chwaith!' meddai Elin yn amddiffynnol.

'Dwi'n gwbod hynny, siŵr, ond ar dy ennill fyddi di, cofia – mi fydd Rhys yn gefn i ti beth bynnag wnei di, dwi'n sicr o hynny, ond ar ei golled fydd Elfed. Mae o wedi dy golli di, colli cael gweld y genod bob dydd, mae o'n mynd i golli'i gartref ...' eglurodd Alun yn bwyllog.

'A bai pwy ydi hynny?'

'Wel ia, fo'i hun, ond mae hynny'n gwneud petha'n waeth iddo fo, yn tydi? Does ganddo fo neb i'w feio ond fo'i hun.'

Pwyllodd Elin wrth sylwi nad ymosod arni hi oedd ei thad, dim ond dweud y gwir fel y gwelai o bethau.

'Mi fydd yn rhaid i ti roi amser iddo fo. Mi sylweddolith o yn y diwedd, dwi'n siŵr, be sydd ora i'r plant, sef byw efo'u mam ... ond paid â gwthio gormod arno fo. Dim ond chwe mis sydd ers iddo fo roi'r gorau i yfed. Mae o'n stryglo efo bob dim ar y funud, heb fawr o neb yn gefn iddo fo.'

Gwyrodd Elin ei phen. Roedd ei thad yn siarad synnwyr, yn ôl ei arfer.

'Dwi'n poeni am Moli,' meddai wrtho. 'Ro'n i'n meddwl bod y genod yn ymdopi'n reit dda efo'r ysgariad, ond dwi'n meddwl bod y syniad o symud i 'Werddon wedi'i dychryn hi.'

'Wrth gwrs 'i fod o. Tydi o ddim yn dy ddychryn ditha hefyd?'

Nodiodd Elin. Oedd, mi oedd o, er ei bod hi'n bendant mai dyna oedd ei dymuniad.

'Mae unrhyw newid mawr yn ddychryn, tydi, ond mae o hefyd yn gyffrous – a dod i dderbyn y peth wneith Moli hefyd. Mi fydd yn teimlo dros ei thad, siŵr o fod, ond efo'i mam fydd hi isio bod yn y pen draw ... ac mi fydd hi'n dal i weld ei thad yn ddigon aml. Nid mudo i America neu Awstralia ydach chi, nage?'

'Na,' cytunodd.

Diflannodd ei hawch am fwyd a gwthiodd ei phlât i ffwrdd gan ddewis cnoi cil ar eiriau ei thad yn hytrach nag ar y sglodion. Roedd yn rhaid iddi bwyllo rhag cynhyrfu mwy ar y dyfroedd. Gwell fyddai gadael i Elfed ddod i ddygymod â'r ffaith ei bod hi mewn perthynas yn gyntaf, ac y byddai dyn arall yn chwarae rhan bwysig ym mywyd ei ferched, a pheidio â sôn mwy am symud i Iwerddon, am y tro.

Er mai cerdded i dŷ eu tad oedd y patrwm, doedd dim dal sut y byddai Beca a Moli'n cyrraedd yn ôl. Weithiau byddai'r ddwy yn cerdded, a thro arall, yn enwedig petai hi'n noson fudur, byddai Elfed yn eu danfon yn y car, ond y naill ffordd neu'r llall byddai'r genod yn ôl yn nhŷ eu taid am naw ar yr hwyraf. Erbyn deg munud wedi naw y noson honno doedd dim sôn amdanyn nhw, ac roedd Elin wedi dechrau teimlo'n anniddig, er ei bod yn ceisio celu hynny rhag ei thad.

'Dach chi isio panad?' gofynnodd. Roedd y ddau yn gwylio'r teledu yn yr ystafell fyw.

'Dwi'n iawn, diolch i ti,' atebodd Alun. 'Dwi am ei throi hi'n reit handi heno.'

'Dwi am gymryd un,' meddai, gan godi a mynd i'r gegin yn hytrach nag eistedd yn hel meddyliau. Erbyn hanner awr wedi naw roedd hi'n eistedd wrth fwrdd y gegin, ei phaned heb ei chyffwrdd, yn edrych ar y cloc. Doedden nhw erioed wedi bod mor hwyr â hyn o'r blaen. Oedd Elfed yn dechrau chwarae gemau? Roedd hi newydd ddod oddi ar y ffôn efo Rhys, ac roedd yr ysfa am fod yn ei freichiau yn ormod iddi. Yn sydyn, clywodd sŵn car yn stopio y tu allan.

'Sori ein bod ni'n hwyr!' galwodd Moli wrth agor y drws a lluchio'i chôt i'r cwpwrdd.

'Ro'n i'n dechra poeni amdanach chi,' meddai Elin, gan geisio ymddangos yn ddi-hid ond yn methu.

'Gwylio ffilm oeddan ni, a doeddan ni ddim isio gadael nes iddi orffen,' esboniodd Beca.

'Wel, tecstiwch os dach chi'n mynd i fod yn hwyr eto, plis.'

Edrychodd Beca ar Elin. '*Chillax*, Mam – roeddat ti'n gwybod mai efo Dad oeddan ni, a dim ond hannar awr yn hwyr ydan ni. Tydi o ddim yn *big deal*, nac'di!' meddai, cyn cerdded drwodd i'r ystafell fyw. Doedd Moli ddim ar frys i'w dilyn, a chynigiodd Elin wneud siocled poeth iddi. Derbyniodd yn ddiolchgar, gan eistedd wrth y bwrdd.

Syrthiodd tawelwch dros yr ystafell, a cheisiodd Elin chwilio am rywbeth ysgafn i'w ddweud yn hytrach na gofyn sut oedd eu noson efo Elfed.

'Diolch,' meddai Moli yn ddi-wên pan roddwyd y ddiod o'i blaen, a gwyddai Elin yn syth fod rhywbeth yn pwyso ar ei meddwl. Cofiodd eiriau ei thad – doedd hi ond yn naturiol i'r beth fach fod yn poeni.

'Pam ti'n stêrio arna i?' gofynnodd Moli.

'Ydw i? Sori, do'n i'm yn sylwi 'mod i.'

'Wyt, ers meitin.'

'Jest isio gwneud yn siŵr dy fod ti'n iawn.' Cymerodd Moli ddracht arall o'i diod.

'Os oes 'na rwbath yn dy boeni di, mi fedri di ddeud wrtha i, 'sti.'

Gafaelodd Moli mewn llwy de a'i defnyddio i droi ei diod yn araf. Arhosodd Elin yn ddistaw yn y gobaith y byddai ei merch yn rhannu ei gofid, ond yn ofer. Ar ôl eistedd mewn tawelwch am funud neu ddau gollyngodd Moli y llwy a chodi ar ei thraed.

'Lle mae Taffi?' gofynnodd, a throi ar ei sawdl i chwilio am y ci.

Syllodd Elin ar ei hôl am amser hir cyn codi i fynd â'r cwpanau budron at y sinc. Wrth basio'r ffenest sylwodd fod car Elfed yn dal y tu allan i'r tŷ. Wrth iddi gamu'n nes at y ffenest daeth golau blaen y car ymlaen, a chlywodd sŵn yr injan yn tanio. Wrth i'r car lamu i ffwrdd caeodd Elin y llenni, gan deimlo cwlwm yn gwasgu ei stumog unwaith eto.

Pennod 11

Gwrandawodd Elin ar y gwynt yn chwibanu i lawr y simdde a'r glaw'n cael ei hyrddio yn erbyn y ffenestri. Un pris i'w dalu am fyw uwchlaw golygfeydd bendigedig oedd y tywydd garw, a heno roedd hi'n fwy gwyntog nag arfer. Gobeithiai Elin â'i holl enaid y byddai'r tywydd yn gwella – roedd hi'n ddydd Mercher olaf tymor y gwanwyn, a hithau wedi prynu tocynnau fferi iddi hi a'r genod fynd i Knockfree i dreulio pythefnos gwyliau'r Pasg. Y peth olaf roedd hi ei angen oedd i'r hwyliad gael ei ganslo oherwydd y tywydd.

Dim ond unwaith roedd hi wedi gweld Rhys ers y gwyliau hanner tymor, bum wythnos ynghynt – a hynny pan ddaeth o draw am y dydd bythefnos yn ôl, yn bennaf i fod yn gefn iddi wrth wynebu Elfed i drafod gwyliau'r Pasg. Tan hynny doedd hi ddim wedi siarad ag Elfed ers eu ffrae fawr, a doedd yntau ddim wedi cysylltu â hithau chwaith. Teimlai'n sâl wrth feddwl am fod yn yr un ystafell â fo, ond gwyddai o brofiad y buasai siarad wyneb yn wyneb yn well na chwarae ping pong drwy decst. Roedd ganddi hawl i fynd â Moli o'r wlad am hyd at bedair wythnos o wyliau heb ganiatâd ei thad, ond gwyddai mai doeth fyddai gofyn iddo oedd o'n hapus iddi fynd am bythefnos i Iwerddon. Wedi'r cyfan, yn ôl eu trefniant, roedd y genod i fod i fynd ato fo ar nosweithiau Mercher, ac er mai efo hi roedd y genod i fod ar benwythnos cynta'r gwyliau roedden nhw i fod efo'u tad dros benwythnos y Pasg.

Er mawr syndod a rhyddhad iddi trafododd Elfed y gwyliau'n dawel a rhesymol, a hynny oherwydd bod Alun wedi llwyddo i berswadio Elin a Rhys mai fo oedd y person gorau i fod yn reffarî rhwng y ddau riant, yn hytrach na Rhys. Roedd gan Elfed barch mawr at ei dad-yng-nghyfraith, a fu'n gefn iddo pan oedd yn cwffio'i gaethiwed i alcohol. Cytunodd Elin i adael i'r genod aros efo'u tad bob yn ail nos Wener a Sadwrn o hynny ymlaen – rhywbeth roedd hi wedi sylweddoli y byddai'n rhaid iddi ei ganiatáu beth bynnag os oedd hi am i'r genod gynnal eu perthynas â'u tad ar ôl iddyn nhw symud i Iwerddon. Cytunodd hefyd i ddod adref ar ddydd Gwener ola'r gwyliau fel mai dim ond un penwythnos fyddai Elfed yn ei golli. Ni soniodd yr un o'r ddau am y dyfodol. Un cam ar y tro.

'Rargian, ma' hi'n stormus heno,' sylwodd Alun gan dorri ar draws ei myfyrdod. 'Clyw y gwynt 'na! Dwi'n cymryd y bydd Elfed yn dod â'r genod adra yn y car?'

'Bydd, dwi'n siŵr,' meddai Elin, 'ond fedrwch chi ddim mynd â Taffi am dro yn y car felly mi a' i â hi.'

'Na wnei wir! Mi a' i â hi siŵr, rhag ofn i ti gael dy chwythu drosodd!' meddai Alun.

Gallai Elin ddweud yr un peth amdano fo. Dyn bychan oedd Alun, oedd wedi bod yn naturiol heini ar hyd ei oes, ond erbyn hyn, ac yntau ond ddwy flynedd o'i brin o'i bedwar ugain oed, roedd o wedi dechrau arafu.

'Gadewch i mi fynd, Dad, dwi angen clirio 'mhen. A' i ddim yn bell. Dwi'n siŵr y bydd Taffi'n awyddus i wneud ei busnas a dod adra'n reit handi yn y tywydd yma beth bynnag!' mynnodd Elin.

Llwyddodd i'w ddarbwyllo nad oedd yn rhaid iddo ddod efo hi, felly dim ond Elin a'r ci fentrodd allan i'r storm. Prin y gallai sefyll yn syth yn y gwynt ond rhoddodd ei phen i lawr a cherdded tuag at gyrion y pentref a Taffi'n trotian wrth ei hochr, ei chlustiau'n chwifio yn y gwynt. Doedd dim enaid byw arall i weld yn unman. Sniffiodd y ci bob polyn wrth basio a phenderfynu aros wrth un ohonynt. Swatiodd Elin at y polyn, oedd yn siglo yn y gwynt, i ddisgwyl iddi orffen ei busnes. Cododd ei hwyneb i deimlo'r glaw oer yn pigo'i bochau. Roedd nerth y storm yn ei chyffroi a'i dychryn ar yr un pryd – dau emosiwn oedd yn hen gyfarwydd iddi bellach.

Wrth gerdded yn ôl i Dan yr Eithin, gwelodd gar Elfed yn aros y tu allan i'r tŷ a'r genod yn rhedeg allan ohono, gan droi'n ôl i godi llaw ar eu tad. Disgwyliodd iddo droi y car rownd i fynd yn ôl adre i Godre'r Foel, ond gyrru yn ei flaen tuag ati wnaeth o. Wrth i'r car ddod yn nes rhoddodd ei phen i lawr rhag iddo ei hadnabod. Lle oedd o'n mynd, tybed? Roedd o'n mynd i'r cyfeiriad anghywir i fod yn mynd i'r dre. Trodd ei phen a gwelodd ei fod wedi rhoi arwydd i droi i'r dde i gyfeiriad y mynydd. Rhyfedd, meddyliodd. Dim ond ryw chwech o dai oedd ar y ffordd i gyd, a sylweddolodd nad oedd hi ond yn gwybod pwy oedd yn bwy mewn dau ohonyn nhw – Saeson oedd newydd ddod i fyw i'r pentre o Derby oedd yn y tŷ cyntaf, a Seren, ffrind Moli, oedd yn byw y trydydd. Roedd Elfed yn ffrindiau efo Meirion, ei thad, ond roedd o wedi gadael y cartref ers dros flwyddyn. Tybed oedd o'n ôl? Dechreuodd Taffi gyfarth a thynnu ar ei thennyn, wedi cael llond bol o sefyll yn y glaw.

'Ocê, Taffi bach,' meddai. 'Adra â ni.'

'Lle mae pawb?' gofynnodd Elin ar ôl dychwelyd i'r tŷ a gweld mai dim ond Moli oedd yn eistedd ar y soffa.

'Ma' Taid 'di mynd i'w wely, a 'sdim angan i ti ofyn lle mae Beca!'

'Gad i mi ddyfalu … ar FaceTime efo Declan?'

Nodiodd Moli. 'Ma' hi'n gwneud ffŷs fawr achos ei bod hi'n mynd i'w weld o ddydd Sadwrn.'

Gwenodd Elin. Gallai uniaethu â'i merch.

'Ma' Beca'n licio yn 'Werddon, yn tydi,' datganodd Moli wrth i Elin eistedd yn ei hymyl. I fyny ac i lawr fu hwyliau Moli yn yr wythnosau diwethaf – weithiau roedd y Moli fywiog, hapus arferol yn cilio a merch dawel a myfyriol yn ymddangos yn ei lle.

'Ydi. Dwyt ti ddim?' gofynnodd Elin, gan ddal ei gwynt wrth ddisgwyl yr ateb.

Oedodd Moli am eiliad. 'Ydw …' meddai, ond o'i goslef gwyddai Elin fod mwy i'r frawddeg. '… ond dwi'm yn siŵr ydw i isio byw yno chwaith,' meddai ymhen hir a hwyr.

Sut oedd hi i fod i ymateb i hynny? Wrth i Elin geisio aros yn bostif, llanwodd Moli y tawelwch.

'Mi ofynnodd Dad i ni heno oeddan ni'n mynd i fyw yn Knockfree.'

'O!' ebychodd Elin, er nad oedd yn syndod iddi. A dweud y gwir, roedd hi wedi disgwyl iddo holi'r genod ers tro byd.

'A be ddeudoch chi?'

'Mi ddeudodd Beca 'i bod hi'n mynd yno ar ôl ei TGAU.'

Gollyngodd Elin anadl hir. 'A sut wnaeth o ymateb i hynny?'

'Ddeudodd o ddim byd. Dim ond edrych yn drist.'

'A be ddeudist ti?' gofynnodd Elin yn betrusgar.

''Mod i ddim yn siŵr.' Crebachodd ysgwyddau'r fechan fel petai pwysau'r byd arnynt, a saethodd gwewyr drwy galon Elin. Cododd yr hen amheuaeth ei bod hi'n hunanol yn blaenoriaethu ei dyhead hi i fod efo Rhys yn Knockfree ar draul hapusrwydd ei merch.

'Ma' Dad yn deud y ca i aros yn Rhosyreithin a byw efo fo os ydach chi'n mynd i 'Werddon.'

Rhewodd Elin. Gawn ni weld am hynny, meddyliodd. Yn un peth, dim ond ers saith mis roedd o wedi rhoi'r gorau i yfed, a doedd hynny ddim yn gyfnod digon hir i'w hargyhoeddi na fyddai byth yn yfed eto. Ond yn bwysicach na hynny, sut yn y byd allai hi godi pac heb Moli?

'Ma' Dad yn deud nad oes gen ti hawl i fynd â fi, ac os ewch chi i'r llys mi wnawn nhw ofyn i mi lle dwi isio byw,' cyhoeddodd Moli.

Suddodd calon Elin yn ddyfnach. Roedd Elfed yn amlwg wedi bod yn ymchwilio i'w hawliau yntau.

'Fysat ti isio aros yma efo Dad?' gofynnodd Elin ar ôl oedi am ennyd. Dechreuodd gwefus isaf Moli grynu, a gafaelodd Elin yn dynn amdani. 'Paid ag ypsetio, Moli fach, plis paid ag ypsetio.'

'Dwi'n gwbod dy fod di'n hapus pan wyt ti efo Rhys ...' sniffiodd Moli drwy ei dagrau '... a dwi isio i ti fod yn hapus, ond dwi ddim isio i Dad fod ar ei ben ei hun.'

Siglodd Elin ei merch yn ei breichiau. 'Paid â phoeni, cariad, mi fydd popeth yn iawn yn y diwedd 'sti, wir i ti,' meddai gyda argyhoeddiad nad oedd hi'n ei deimlo. Gan gwffio yn erbyn ei dagrau ei hun, meddai, 'Ddeuda i wrtha ti be – be am i ni gymryd pythefnos y Pasg 'ma fel ryw fath o *trial run* i weld sut wyt ti'n licio byw yn An Teach Ban?' Tynnodd Moli ei hun o'i breichiau a gwthiodd Elin ei gwallt o'i hwyneb. 'Ia?'

Nodiodd Moli. Chwiliodd Elin yn ei phoced am hances, ond gwthiwyd ei llaw oddi yno gan drwyn oer Taffi oedd yn trio'i gorau i grafangio i fyny ar y soffa atyn nhw. Gydag un naid llwyddodd i lanio ar lin Moli a dechrau llyfu ei hwyneb. Dechreuodd y ferch wichian.

'Paid, Taffi, ti'n cosi!' Trodd y gwichian yn chwerthin. Er gwaethaf ei chalon drom, allai Elin ddim peidio â gwenu wrth wylio'r ci a'r plentyn yn rowlio ar y soffa.

Diolch i'r drefn, tawelodd y tywydd erbyn dydd Sadwrn, a hwyliodd y fferi'n ddidrafferth i Iwerddon er mawr lawenydd i Elin. Roedd tymer dda ar y tair wrth iddyn nhw yrru tua Knockfree – Elin a Beca yn methu aros i weld eu cariadon, a'u hwyliau da wedi dylanwadu ar Moli, oedd yn edrych ymlaen am antur. Wrth i Elin deithio ymhellach o Gymru dechreuodd ei phoenau a'i phryderon ei gadael, ond wrth droi i fyny'r ffordd i gyfeiriad An Teach Ban a phasio byngalo Betty, fodd bynnag, cafodd ei hatgoffa nad oedd Iwerddon chwaith yn wlad o laeth a mêl. Roedd Betty yn ei gardd yn tynnu dillad oddi ar y lein, a throdd i graffu ar y car. Cododd Elin law arni, ond trodd Betty yn ôl at ei dillad, gan wneud dipyn o ymdrech i'w hanwybyddu.

Doedd Betty ddim wedi cymryd y newyddion am garwriaeth Elin a Rhys yn dda, gan addo na fyddai byth yn tywyllu drws An Teach Ban eto. Ond ar ôl deuddydd o nadu dros *poor Roisin*, ac ychydig eiriau doeth gan Kevin, roedd hi wedi cymodi â Rhys 'for the boys' sake'. Er hyn, doedd hi'n amlwg ddim am faddau i'r ddynes oedd ar fin cymryd lle ei merch. Naw wfft iddi, meddyliodd Elin, gan dyngu na fyddai'n gadael iddi dywallt dŵr oer ar bethau.

Wrth gyrraedd y tŷ gwelsant Dewi a Pádraig yn rhedeg yn wyllt tuag atynt. Gwenodd y ddau ar Elin a'i chyfarch, ond yn unol â'u harferiad pan nad oedden nhw a'r genod wedi gweld ei gilydd am sbel, aeth y ddau'n lletchwith o'u blaenau, a gostwng eu pennau'n swil.

'Iawn?'

'Iô brôs!' meddai Beca gyda gwên lydan. Edrychodd Moli arni â llygaid mawr.

'Ydyn nhw'n frodyr i ni rŵan?' gofynnodd, heb fod yn siŵr iawn beth i'w feddwl o hynny.

'Ddim eto, ond mi fyddan nhw!' atebodd Beca. 'Pam ti'n sbio fel'na? Ti 'di deud droeon y bysat ti wedi licio cael brawd mawr.'

'Do, ond mae 'na *dri* o'r rhain!' meddai Moli.

'Tri brawd mawr i edrych ar dy ôl di,' meddai Elin, gan geisio rhoi gwedd bositif ar bethau.

Dal i edrych yn amheus oedd Moli, gan weld ei hun ar waelod rhestr o bump.

Daeth Rhys allan o'r cwt beics gan alw ei groeso. 'Dyma chi o'r diwedd! Sut oedd y croesi?'

'Ddim yn rhy wyllt, diolch i'r drefn,' atebodd Elin â gwên lydan.

Cofleidiodd Rhys hi gan roi cusan ar ei boch a sibrwd 'croeso adra' yn ei chlust. Safodd hithau bron mor lletchwith â'r bechgyn. Roedd hi wedi arfer cymaint â chuddio'u perthynas fel bod ymddwyn yn gariadus o flaen eraill yn brofiad chwithig iddi.

'Mae ganddon ni syrpréis i chi!' datganodd Pádraig.

'Oes,' ategodd Dewi. 'Un mawr!'

'A wnewch chi fyth fyth ddyfalu be ydi o,' meddai Dewi, a'r ddau wedi bywiogi erbyn hyn.

'*Go on*, dyfalwch!' meddai Pádraig wrth Moli a Beca.

'Gadewch iddyn nhw ddod i'r tŷ, cadw'u petha a chael panad bach gynta, hogia,' meddai Rhys, gan agor bŵt y car ac estyn am y bagiau. Safodd Dewi a Pádraig stond, yn edrych arno. 'Wel dowch 'laen, helpwch yn lle sefyll yn fanna! Dach chi wedi hen arfer cario bagiau bellach, siawns!' Ufuddhaodd y bechgyn.

'Ges i bump ewro o *tip* gan fisitors y byncws wsos dwytha,' broliodd Dewi.

'Rargian, ma' raid bod y bagia'n drwm!' chwarddodd Elin.

'Mi wnes i olchi eu beics nhw hefyd,' ategodd Dewi, gan gario bag Moli i'r tŷ.

'Chwarae teg i ti!'

'Gobeithio nad wyt ti'n disgwyl *tip* gin i,' protestiodd Moli. 'Sgin i'm pres!'

'O, dowch, triwch ddyfalu!' mynnodd Dewi. 'Be dach chi'n feddwl ydi'r syrpréis?'

'Dach chi ddim wedi gwneud swper, gobeithio,' meddai Beca â gwên, ond pan welodd wynebau'r ddau yn disgyn, ychwanegodd, 'Jôc! Mi oedd y lasagne yn neis iawn tro dwytha.'

'Na, nid dyna be ydi o,' meddai Dewi, oedd ar binnau eisiau gadael y gath allan o'r cwd.

Ochneidiodd Rhys. 'Tydach chi ddim am stopio swnian nac'dach,' meddai. 'Dewch 'ta, gewch chi ddangos y syrpréis iddyn nhw rŵan.'

Edrychodd Elin yn chwilfrydig arno. 'Be 'di hyn?'

'Gei di weld,' atebodd Rhys â gwên.

Ar ôl gollwng y bagiau yn y gegin arweiniwyd y merched yn ôl allan i'r iard.

'Rhaid i chi gau'ch llygaid!' cyhoeddodd Pádraig.

'No wê,' meddai Moli. 'Newch chi fy lluchio fi i ryw bwll dŵr ne' rwbath.'

'Na wnawn wir. Ma' Dad wedi'n rhybuddio ni i fihafio!' meddai Dewi.

Gwenodd Elin wrth glywed hynny. 'Dowch 'laen 'ta,' meddai. 'Mi gaewn ni'n tair ein llygaid.'

Gyda Rhys yn gafael ym mraich Elin, Dewi yn gafael yn Beca a Pádraig yn gafael yn Moli, arweiniwyd y merched ar draws yr iard.

'Lle dach chi'n mynd â ni?' gwichiodd Moli.

'Gewch chi weld!' atebodd Pádraig.

Ceisiodd Elin ddilyn eu llwybr yn ei dychymyg – roedden nhw'n mynd i gyfeiriad yr hen sied dractors y tu ôl i'r byncws. Oedden nhw wedi cael ceffyl, tybed? Clywodd sŵn drws yn cael ei agor.

'Mae 'na step i lawr rŵan,' meddai Dewi.

Camodd Elin i lawr y gris gan feddwl yn siŵr mai yn y sied yr oedden nhw, ond yn hytrach nag arogl llwch ac oel gallai arogli paent.

'Be ddiawch ...?'

'Ocê,' meddai Pádraig. 'Gewch chi agor eich llygaid rŵan!'

'Dy-Dyyy!' meddai Dewi'n uchel.

Agorodd Elin ei llygaid a syrthiodd ei cheg yn agored hefyd. Roedd nenfwd newydd wedi ei osod ar y sied, a hwnnw wedi cael ei beintio. Rhedai ffenest fawr ar hyd un wal yn edrych tua'r mynyddoedd a'r llwybrau beics y tu ôl i'r tŷ; ac yn yr ystafell roedd bwrdd pŵl, bwrdd pêl-droed, bwrdd ping-pong a bwrdd dartiau ar y wal. Ym mhen draw'r sied roedd teledu, ac wedi eu gosod yma ac acw roedd seddi wedi eu gwneud allan o hen gasgenni.

'*Games room!*' cyhoeddodd Pádraig, fel petai'r merched heb ddeall.

Allai 'run o'r merched siarad am funud. Doedd Elin yn sicr ddim wedi disgwyl hyn. Trodd at Rhys, oedd yn gwenu fel giât arni. Y peth cyntaf ddaeth i'w meddwl oedd y gost. Mae'n siŵr fod y gweddnewidiad wedi costio ffortiwn. Oedd y busnes yn medru fforddio'r fath wariant? Roedd Rhys yn edrych mor falch fel na feiddiai hi rhoi pìn yn ei swigen drwy ofyn.

'I'r fisitors mae o fwya,' meddai Dewi, 'ond mae Dad yn deud y cawn ni ddefnyddio'r lle hefyd cyn belled â'n bod ni'n edrych ar ôl petha.'

'A ddim yn styrbio'r fisitors, a gadael iddyn nhw gael *first go* ar bob dim,' ychwanegodd Dewi.

'A mynd o'ma os oes 'na fwy na phedwar ne bump o'r

gwesteion yma,' meddai llais Liam, oedd wedi dod i mewn i'r ystafell y tu ôl iddyn nhw. 'Be dach chi'n feddwl 'ta?' gofynnodd yn eiddgar.

'Cŵl!' meddai Beca. 'Mega cŵl!'

'Sŵpyr cŵl, briliant!' ychwanegodd Moli, oedd yn amlwg wedi gwirioni. Dechreuodd gerdded o amgylch yr ystafell i archwilio popeth.

'Dwi'n dal i fod mewn sioc!' meddai Elin. 'Mi gadwoch chi hyn yn ddistaw!'

'Mi fydd hwn yn rwbath ychwanegol y medran ni ei gynnig wrth hysbysebu'r byncws,' meddai Liam yn falch.

'Dy syniad di oedd hyn?' gofynnodd Elin iddo.

'Ia,' atebodd gyda chymysgedd o falchder a swildod. 'Mi glywis i fod y Coach and Hounds yn cael *refurb* ac yn cael gwared o'u byrddau gemau ac ati, a dyna pryd ges i'r syniad.'

'A fo sydd wedi gwneud y rhan fwya o'r gwaith ei hun gyda'r nosau,' meddai Rhys, yn amlwg yn falch iawn o waith ei fab.

'*Aye*, wel, mae'n handi cael ffrind sy'n saer ac un arall sy'n gosod lloriau,' meddai Liam.

'Wel, dwi'n hynod *impressed!*' meddai Elin. Roedd yn amlwg fod gan Liam ben busnes da yn ogystal â bod yn fachgen ymarferol. Cafodd ei dderbyn i'r brifysgol yn Nulyn i ddilyn cwrs astudiaethau busnes y mis Medi cynt, ond penderfynodd gymryd blwyddyn i ffwrdd i helpu'i dad efo'r busnes beics ac i osod Roisin's Bunkhouse ar ei draed, ac roedd o'n gwneud gwaith gwych, chwarae teg iddo.

'Ti'n *genius!*' meddai Beca, gan roi coflaid i'w ffrind. Cochodd Liam at ei glustiau.

'Reit 'ta!' meddai Dewi. 'Moli? Ar be wyt ti isio i mi roi stid i ti gynta?'

'Stid? Gawn ni weld am hynny!' atebodd Moli gan afael mewn bat ping-pong. 'Ty'd 'laen 'ta!'

Fel merch gystadleuol oedd yn hoff o bob math o chwaraeon, roedd Moli yn ei helfen. Daliodd Elin lygad Rhys –

roedd yntau'n deall pa mor bwysig oedd hi i Moli fwynhau ei hun yn ystod y gwyliau hwn. Amneidiodd Rhys i gyfeiriad y drws fel arwydd iddi ei ddilyn.

Yng nghegin An Teach Ban, heb i'r plant hyd yn oed sylwi eu bod wedi gadael y cwt gemau, cofleidiodd Elin a Rhys eto, gan rannu cusan hir y tro hwn. Wrth dynnu'n ôl gafaelodd Rhys yn llaw Elin a'i harwain tua'r grisiau.

'Lle 'dan ni'n mynd?' gofynnodd iddo. Stopiodd Rhys a dechrau ei chusanu eto, yn fwy taer y tro hwn, a chrwydrodd ei ddwylo'n frwd o amgylch ei chorff, yn gyrru iasau drwyddi. Rhedodd Elin ei bysedd drwy ei wallt trwchus, a dechreuodd Rhys ei thynnu at y grisiau eto.

'Ond be os ddaw un o'r plant yn ôl i'r tŷ?' sibrydodd Elin.

'Ddôn nhw ddim – mi fyddan nhw isio chwarae pob un o'r gemau 'na, gei di weld! A does dim rhaid i ti sibrwd. Does 'na neb yn y tŷ ond ni.'

Ildiodd iddo, gan wasgu ei law yn dynn ar y ffordd i'r llofft. Roedd drws ystafell Liam ar dop y grisiau yn gilagored, ac wrth fynd heibio iddo daliwyd sylw Elin gan bâr o lygaid yn syllu arni oddi ar y wal – llun o ddynes ifanc a'i hwyneb tlws wedi ei fframio gan wallt cyrliog coch. Roisin. Aeth ias wahanol drwy ei chorff a thynnodd ar ddolen y drws i'w chuddio. Ond doedd cael y darlun o'i phen ddim mor hawdd, ac yn hytrach na dilyn Rhys i'w ystafell wely, tynnodd o i gyfeiriad yr ystafell ffrynt lle byddai hi'n cysgu. Edrchodd Rhys yn ddiddeall arni.

'Geith hon fod yn stafell i ni?' gofynnodd iddo. 'Mae'r olygfa o fama mor dlws.'

'Ydi, mae hi, tydi,' cytunodd Rhys, gan syllu arni cyn tynnu ei siwmper dros ei phen. Gafaelodd yn ei hwyneb. 'Gawn ni gysgu ar ben y to os mai dyna wyt ti isio.'

Gwenodd Elin arno'n ddiolchgar. Doedd hi ddim am rannu ystafell gydag ysbryd Roisin.

Ugain munud yn ddiweddarach gorweddai Elin yn ei feichiau,

heb yr un darlun yn ei phen ac yn teimlo dim byd ond hapusrwydd. Roedd ei chorff wedi ymlacio'n llwyr a theimlai'n saff a chyfforddus. Cusanodd Rhys hi ar ei thalcen.

'Mi symuda i fy mhetha o'r stafell arall yn y munud,' meddai. 'Fydd Beca wrth ei bodd yn cael honno – mae hi'n fwy na hon.'

Eisteddodd Elin i fyny a phwyso ar ei phenelin. 'Ti'n meindio peidio, am rŵan?' gofynnodd. 'Dwi ddim isio rhuthro petha drwy rannu stafell yn syth.' Edrychodd Rhys yn siomedig arni. 'Ddim 'mod i am dy rwystro di rhag dod yma ata i,' brysiodd i ychwanegu, gan fwytho'i farf. 'Jest nad ydi ... tydi o ddim yn swyddogol eto. Ddim nes bydd y plant wedi dod i arfer ein gweld ni efo'n gilydd.'

Gafaelodd Rhys yn y fodrwy oedd ar y gadwyn am ei gwddw. 'A be am hon?' gofynnodd. 'Pryd wyt ti am roi hon ar dy fys?'

'Cyn gynted ag y daw'r ysgariad drwadd. Dwi isio gwneud petha'n iawn, Rhys. Dwi ddim isio i ddim byd sbwylio'r hyn sydd ganddon ni.'

'Neith dim byd sbwylio petha,' meddai Rhys, gan edrych i fyw ei llygaid, 'dwi'n addo i ti.'

Pennod 12

Hedfanodd dyddiau cyntaf y gwyliau heibio mewn amrantiad, ac roedd hi'n ddydd Iau cyn i Elin droi. Cadwodd Betty draw o An Teach Ban a chymerodd Elin drosodd y gwaith o olchi dillad gwlâu y byncws, oedd yn llawn am y gwyliau cyfan, a'r ddyletswydd o goginio barmbrack i groesawu'r gwesteion. Roedd y busnes beics hefyd yn brysur, a'r tywydd braf yn denu pobol o bob man i feicio yn harddwch a llonyddwch yr ardal. Cafodd Declan waith yn golchi llestri yn ystod y dydd mewn tafarn yn y pentre nesaf, felly roedd Beca wedi bod yn ddigon parod, fel Moli, i helpu allan o gwmpas y lle pan nad oedd hi'n astudio ar gyfer ei harholiadau TGAU. Roedd Declan wedi pasio'i brawf gyrru ac wedi cael car bach gan ei dad, ar yr amod ei fod yn dacsi i'w deulu fel bo angen. Golygai hyn nad oedd yn rhaid danfon Beca yn ôl ac ymlaen i'w weld.

Edrychodd Elin ar Moli a Beca'n cydweithio'n hapus i ddarparu cinio o gawl cartref a brechdanau. Roedd y ddwy fel petaen nhw wedi cael gweddnewidiad wrth groesi Môr Iwerddon, yn gweld pa mor barod i weithio oedd yr hogiau, a hynny'n ddi-gŵyn, ac yn ymddwyn yn yr un modd. Roedd hi'n stori wahanol adref, ac Elin yn gorfod swnian yn ddiddiwedd arnyn nhw i helpu o gwmpas y tŷ, ond heddiw roedd y ddwy am y gorau i weld pwy fyddai wedi gorffen gyntaf – Beca efo'i chawl neu Moli efo'r brechdanau.

'Damia!' meddai Moli wrth ollwng yr ham ar lawr yn ei brys. Plygodd i lawr i geisio achub rhywfaint o'r cig, ond cyn iddi fedru ei gyrraedd roedd Flynn wedi saethu o'i fasged ger yr Aga a llowcio'r cwbwl. Edrychodd Moli i fyny ar Elin, a'i llygaid fel soseri.

'Sori, Mam!'

'Mwya'r brys, mwya'r rhwystr!' meddai Elin. 'Paid â phoeni – mi bicia i lawr i'r pentre i nôl mwy. Fydda i ddim dau funud, a dwi angen mwy o stwff i neud cacennau at fory beth bynnag.'

Roedd pentref Knockfree yn dipyn mwy lliwgar nag yr oedd o ym mis Chwefror pan fu Elin yno ddiwethaf, a'r bocsys a'r basgedi blodau y tu allan i'r tai hirion isel a'r tafarndai yn llawn o flodau'r gwanwyn. Wrth gerdded tuag at siop Breda Kavanagh, gwelodd Elin fod Mrs O'Toole, hen wreigan y cyfarfu â hi yr haf cynt, yn sefyll yn nrws ffrynt ei bwthyn bach, yn pwyso ar ffon gerdded ac yn dal ei phen tua'r haul annhymhorol o gynnes, ei llygaid ynghau. Er gwaetha'r tymheredd roedd hi'n gwisgo'r un gardigan wlân werdd, drwchus a wisgai bob tro y gwelai Elin hi, ac ar ei phen roedd cap pom-pom llwyd a edrychai, o bell, fel gwallt mewn bỳn.

'Good morning, Mrs O'Toole,' galwodd Elin.

Agorodd yr hen wreigan ei llygaid a craffu arni. 'Is it you, *mo chara*? Rees's young lady?'

Gwenodd Elin wrth gofio'i dryswch y llynedd pan alwodd Mrs O'Toole hi yn '*mo chara*'. Roedd hi'n deall erbyn hyn mai ei ystyr oedd 'fy nghyfaill'.

'It is, yes,' atebodd.

Gwenodd Mrs O'Toole arni gan ddangos rhes o ddannedd gosod oedd ychydig yn rhy fawr i'w cheg.

'As you can see, I'm still alive!' cyhoeddodd, 'just about.'

'It's nice to see you.'

'Do you think it's this global warming?' gofynnodd Mrs O'Toole. Edrychodd Elin yn ddryslyd arni. 'It never used to be this hot in March,' ychwanegodd.

'Well, I'm not sure ... but quite possibly,' atebodd Elin.

'Then it can't be all bad, can it? My aul bones creak a lot less when the sun shines. Over for the holidays now, are you?' gofynnodd.

'Yes,' atebodd Elin.

Plygodd yr hen wreigan tuag ati a gostwng ei llais. 'I hear you'll be coming over permanently soon,' meddai.

'Yes, I hope so,' cadarnhaodd Elin, gan ystyried mor anodd oedd cadw busnes rhywun yn breifat mewn pentref fel Knockfree.

'Well, *céad míle fáilte* to you, I say,' meddai. 'And I'm so glad you're a fellow Celt. I haven't got much to say to the English – don't they act as though they own the place? – worse than the Americans. Yes, there's always room in Knockfree for a fellow Celt.'

'*Go raibh maith agat*,' meddai Elin, yn falch iddi gofio'r ymadrodd Gwyddeleg am 'diolch'. Roedd Mrs O'Toole yn dod yn wreiddiol o ardal y Gaeltach, a'r Wyddeleg oedd ei hiaith gyntaf. Dangosodd yr hen wreigan ei dannedd gosod eto mewn gwên lydan.

'I'll see you soon, Mrs O'Toole, I'm on my way to get something for lunch from Breda's,' meddai Elin gan gychwyn i ffwrdd.

'*Slán leat, mo chara*,' meddai'r Wyddeles. 'If I'd known I was going to see you I'd have worn my lipstick!'

Roedd Elin yn dal i wenu wrth gerdded i mewn i siop-bob-dim y pentref, ond syrthiodd ei gwep pan ddaeth wyneb yn wyneb â dwy o'r dair hen iâr fu'n hel clecs am Rory O'Donnell yn ôl ym mis Chwefror. Edrychodd y ddwy i fyny ac i lawr arni cyn amneidio'u cyfarchiad. Nodiodd hithau'n ôl a'i heglu hi'n reit sydyn i gefn y siop lle roedd Breda'n sefyll ar ei stepen yn gosod pacedi o gaws yn rhes yn yr oergell. Gwyddai fod y merched yn siarad amdani gan eu bod wedi gostwng eu llesiau. Plygodd at silff isel i gyrraedd y blawd, yn methu peidio â chlustfeinio. Clywodd y geiriau 'divorce' a 'Welsh', ac yna clywodd un frawddeg yn glir. 'She's not as pretty as Roisin, is she?' Diflannodd y cynhesrwydd a deimlai Elin ar ôl croeso Mrs O'Toole, a chododd ar ei thraed yn swnllyd. Trodd Breda tuag ati a'i chyfarch yn glên.

'Oh hello, Ellen,' meddai. 'And how are you this fine morning?'

'Very well, thank you,' atebodd, wedi synnu cymaint roedd geiriau'r hen iâr wedi ei brifo. Gafaelodd mewn pecyn o ham o'r oergell. 'I'll take this, please.'

'Ok, I'll be with you in a minute,' meddai Breda, gan ddal i wagio'r bocs o bacedi caws. Ochneidiodd Elin a cherdded tuag at y cownter. Roedd y ddwy wraig wedi newid pwnc eu sgwrs erbyn hyn.

'Oh no! You wouldn't see me in the pub on a Good Friday, never!' meddai un. 'Sure, it's not right.'

'Well, you didn't mind having a drink at the party at Gerry's house last Good Friday!' atebodd ei ffrind.

'Aye, well, that was different.'

'I can't see what the difference is – a drink is a drink wherever it's taken.'

Diolchodd Elin pan gyrhaeddodd Breda y cownter, a thalodd am ei neges cyn gynted ag y medrai cyn rhuthro allan o'r siop.

Roedd hi wedi parcio'i char ar ben y stryd, ond cerddodd heibio iddo. Yn hytrach na mynd yn syth yn ôl i An Teach Ban, aeth i gyfeiriad yr eglwys ar ben y bryn – câi'r bechgyn aros am eu brechdanau ham. Agorodd y giât fawr drom ac edrych o'i chwmpas. Doedd dim golwg o neb. Trodd i'r dde a chrensian ar hyd y llwybr graeanog i'r fynwent wrth ochr yr eglwys. Cerddodd heibio'r cerrig beddi hynafol oedd ynghudd mewn cotiau o gen, tua'r beddi mwy diweddar. Roedd hi'n cael ei denu i chwilio am un bedd yn benodol. Gan ei bod yn canolbwyntio cymaint ar geisio darllen yr enwau ar y cerrig, wnaeth hi ddim sylwi ar y wraig oedd ar ei phedwar o flaen un o'r beddau tan i sŵn ei thraed ddenu sylw'r wraig a gwneud iddi droi. Rhewodd Elin wrth edrych i wyneb Betty.

'What are *you* doing here?' gofynnodd yn elyniaethus.

Wyddai Elin ddim beth i'w ddweud, yn rhannol am nad oedd hi'n gwybod yn union pam yr oedd hi yno.

'I ... umm ... I ...' dechreuodd yn betrus. 'I came to pay my respects to Roisin.'

Edrychodd Betty yn amheus arni cyn troi'n ôl at y bedd.

'You've not brought any flowers,' meddai'n sur.

Roedd Elin yn adnabod Roisin, wrth gwrs. Byddai hi ac Elfed, a Rhys a Roisin, yn arfer mynd allan efo'i gilydd bob Dolig pan ddeuen nhw draw i Gymru i aros efo Megan, ond fedrai hi ddim dweud ei bod hi'n ffrind iddi. Roedd Elin yn ei gweld hi'n ddynes hunanol, oedd yn hoff iawn o gael ei ffordd ei hun … yn debyg iawn i'w mam. Yn sicr, roddodd hi erioed flodau ar ei bedd o'r blaen.

'No,' meddai. 'I knew that the flower pots would be full. Rhys has told me you keep the grave well tended.'

'Aye, well, someone has to,' meddai.

Cic i Rhys oedd honna, mae'n siŵr, meddyliodd Elin. Doedd o ddim yn dod yn agos at y fynwent – nid yn unig am fod yn gas ganddo fynwentydd ond am fod yn gas ganddo Roisin hefyd erbyn blynyddoedd olaf eu priodas. Gan ddal i dendiad y blodau, a heb edrych ar Elin, gofynnodd Betty, 'And what do you think poor Roisin would say to you if she could talk to us now?'

Tynnodd Elin anadl ddofn, yn ymwybodol y gallai ei hateb fod yn dyngedfennol i'w pherthynas â'i darpar gymdoges, oedd hefyd yn nain i blant ei chariad.

'Well, I hope she would be happy that there's someone else in her sons' lives that cares deeply for them,' meddai. Canolbwyntiodd Betty ar dynnu cennin Pedr oedd wedi gwywo o'r potiau, gan adael ambell flodyn oedd yn dal i edrych yn reit iach. Aeth Elin yn ei blaen. 'I know that I'll never take the place of their mother, and I have no intention of trying,' meddai, 'and I know that their Granny and their Nain are the most important women in their lives, but I will do my very best for them. This is … this is what I came to tell Roisin.'

Trodd Betty at y tiwlips wrth ei hochr a thynnu'r seloffen oddi arnynt.

'She wasn't the easiest of girls, you know,' meddai'n dawel wrth fwytho'r petalau. 'But she was my girl, my baby …'

Am eiliad, meddyliodd Elin fod Betty am ddechrau crio, ond ni ddaeth y dagrau.

'Mrs Dolan,' meddai, 'can we not be friends? If not friends, can we not at least be civil to each other? For the boys' sake?'

Parhaodd Betty i osod y blodau newydd ymhlith yr hen rai. Brathodd Elin ei thafod rhag dweud wrthi y byddai'r sug o goesau'r cennin Pedr yn siŵr o ladd y tiwlips cyn pen dim.

Ymhen hir a hwyr cododd Betty ei phen ac edrych arni. 'You can go now,' meddai.

Trodd Elin a cherdded ymaith. 'Stwffio chdi 'ta!' mwmialodd dan ei gwynt.

'Sori 'mod i'n hwyr!' galwodd Elin wrth gyrraedd cegin An Teach Ban. 'Roedd hi'n brysur yn y siop.'

Roedd y dynion a'r bechgyn eisoes wedi stopio am ginio, a'r gegin yn llawn bwrlwm wrth iddyn nhw fwyta'r cawl roedd Beca wedi'i roi o'u blaenau. Rhuthrodd Elin i roi'r cig yn y brechdanau cyn eu gosod ar ddau blât mawr ar ganol y bwrdd.

'Ty'd, stedda i fwyta!' gorchmynnodd Rhys.

Gwenodd Elin yn wan arno ac eistedd wrth y bwrdd, er nad oedd fawr o awydd bwyd arni.

'Mae'r cawl 'ma'n fendigedig, Beca,' meddai Rhys.

'Ydi,' cytunodd Dewi, oedd wedi llowcio ei bowlenaid o. 'Be ydi o?'

'Lentil a tomato,' atebodd Beca.

Tynnodd Dewi wyneb. 'Ych, dwi'm yn licio lentils!'

'Ffacbys,' meddai Pádraig.

'Pádraig!' meddai Rhys yn rhybuddiol.

Edrychodd hwnnw'n syn arno. 'Be?'

'Paid â rhegi!'

'Dwi ddim yn rhegi! Ffacbys ydi lentils yn Gymraeg!'

'No wê!' meddai Dewi. 'Ffacbys?'

'Ia. Ffacbys.'

'Ffacbys! Ffacbys!' llafarganodd Moli, gan ddechrau

chwerthin. Chwarddodd fwy fyth wrth sylwi bod Kevin yn syllu arnynt yn ddi-ddeall.

'Mae'r tŷ 'ma'n *madhouse!*' meddai Beca.

'Madhouse! Now that's word I understand,' meddai Kevin.

Diflannodd y cwmwl roedd Elin wedi'i gario'n ôl efo hi o'r pentref, a dechreuodd chwerthin efo Moli. Ymhen dim roedd pawb wrthi. *Madhouse* yn wir, meddyliodd.

Roedd yr awyrgylch yn dal i fod yn hwyliog fin nos, gan fod Declan wedi llwyddo i gael tocynnau iddyn nhw fynd i'r Hooley Night yn nhŷ tafarn enwog Johnny Fox's ym mhentref Glencullen y noson honno. Roedd Aoife, chwaer ieuengaf Declan, yn perfformio ynghyd â'i chwaer hynaf, Bridgit, oedd yr un oed â Liam. Tocynnau i weld y sioe yn unig gafodd Declan, ond roedd Rhys wedi cyhoeddi ei fod o am dalu iddyn nhw gael bwyd yno hefyd fel modd o ddiolch i bawb am weithio mor galed, ac fel trît bach gan ei bod hi'n wyliau'r Pasg. Roedd Kevin wedi gwrthod y cynnig i ymuno â nhw, gan wirfoddoli i edrych ar ôl y byncws am y noson fel y gallai Rhys ddiffodd ei ffôn ac anghofio am waith.

'Welcome to the highest pub in Ireland, hosting the world since 1798,' darllenodd Moli yn uchel wedi iddi ddringo allan o'r car. 'Waw! Mae o'n rili hen felly, tydi?' meddai.

'Ddim mor hen â'r Black Boy yng Nghaernarfon,' meddai Elin. 'Mae hwnnw'n dŷ tafarn ers yr unfed ganrif ar bymtheg.'

'No wê!' synnodd Beca.

Ar hynny cyrhaeddodd Rhys a'r bechgyn, oedd wedi teithio yno ar wahân gan nad oedd lle i'r teulu estynedig mewn un car.

''Dan ni'n mynd i mewn 'ta be?' gofynnodd Beca'n ddiamynedd.

Camodd Elin i mewn i ystafell lawer llai na'r disgwyl, a honno dan ei sang â phobol o bob lliw a llun. Wedi i'w llygaid ddod i arfer â'r golau isel gwelodd fod creiriau ac addurniadau hynafol yn llenwi pob twll a chornel. Clywodd floedd o chwerthin yn dod o gyfeiriad y tân glo lle eisteddai grŵp o bump Americanwr oedd yn swnio'n debycach i grŵp o ddeg.

'Ffor'ma!' galwodd Rhys, a oedd yn siarad â gweinyddes wrth y bar. Dilynodd Elin ar ei ôl gan yrru'r haid o bobol ifanc o'i blaen. Buan y sylweddolodd fod gwedd allanol y dafarn yn dwyllodrus – roedd drysfa o ystafelloedd eraill y tu ôl i'r bar, ac i'r ystafell fwyaf yr arweiniodd y weinyddes nhw.

Roedd y lle fel neuadd fechan gyda llwyfan yn un pen a rhesi o fyrddau tresl o'i flaen. Edrychodd Elin o'i chwmpas: roedd pob modfedd o'r waliau wedi eu gorchuddio â thrugareddau, o arwyddion hynafol megis hysbysebion sigaréts o'r pumdegau i hen luniau o'r ardal a'i phobl, beic *penny farthing*, hen fwrdd sgwrio a padelli copr i gynhesu gwely. Ysai am gael astudio popeth yn fanylach, ond clywodd lais Beca yn galw arni.

'Ty'd 'laen, Mam!'

Sylwodd fod gweddill y criw wedi cyrraedd eu bwrdd ac yn cael eu cyflwyno i rieni Declan. Wedi'r ysgwyd dwylo a'r cyfarch eisteddodd Elin rhwng Beca a Rhys, a gyferbyn â Moli a'r efeilliaid. Roedd y stafell yn llawn, a gallai Elin glywed o leiaf dair iaith arall ar wahân i'r Saesneg a'r Gymraeg yn cael eu siarad.

'Sbia, Mam!' meddai Moli gan bwyntio at y nenfwd. 'Potiau pi-pi!'

Edrychodd Elin i fyny i weld nad y waliau'n unig oedd yn llawn creiriau, ond y to hefyd. Crogai basgedi gwiail o amryw feintiau ar un ochr yr ystafell, ac yn union uwch eu pennau roedd rhesi o botiau pi-pi blodeuog.

'Os fyddi di isio pi-pi ti'n gorfod galw ar y *waiter* ac mi wneith o estyn un i ti,' meddai Pádraig yn ddifrifol.

'A ti'n gorfod mynd â fo i'r cwt yn y cefn,' ychwanegodd Dewi, yr un mor ddifrifol.

Syllodd Moli arnyn nhw. 'Peidiwch â malu!' meddai. 'Dach chi'n meddwl 'mod i'n stiwpid?'

'Na, 'dan ni'n deud y gwir!' taerodd Dewi, gan bwyntio at ffon â bachyn arni oedd yn pwyso ar y wal ger y drws i'r gegin. 'Efo'r ffon yna maen nhw'n eu tynnu i lawr.'

Agorodd llygaid Moli'n fawr ac am eiliad roedd hi'n eu coelio nhw, nes i'r ddau ddechrau piffian chwerthin.

'Ooo!' ebychodd Moli'n rhwystredig. Roedd hi wedi cael ei dal gan yr efeilliaid eto fyth!

Tra oedden nhw'n bwyta tri chwrs o fwyd traddodiadol hynod flasus, diddanwyd y gloddestwyr gan grŵp gwerin talentog yn perfformio amrywiaeth o ganeuon Gwyddelig, o'r alarus 'Danny Boy' i 'Whiskey in the Jar' a'r enwog 'Fields of Athenry'. Anogwyd y gynulleidfa i ymuno yn y canu gan y prif leisydd, oedd nid yn unig yn ganwr penigamp ond yn dipyn o ddigrifwr hefyd. Llwyddodd i greu awyrgylch hwyliog, hapus a denu hyd yn oed y bobl ifanc i wenu a chwerthin, os nad canu!

Pan ddaeth hi'n amser pwdin ceisiodd Rhys berswadio Elin i archebu cacen wisgi enwog Johnny Fox's.

'Mi wn i nad wyt ti'n licio wisgi, ond mi fyddi di'n siŵr o licio hon.'

Roedd o yn llygad ei le. Crafodd Elin ei phowlen yn lân. 'Ben-di-gedig!' datganodd. 'Mi fydd yn rhaid i mi gael y rysáit.'

'Dim gobaith,' chwarddodd Rhys. 'Mae honno'n gyfrinach deuluol ers dros gan mlynedd!'

Wedi i'r llestri pwdin gael eu clirio, ac ar ôl i'r paneidiau te a choffi gyrraedd, eisteddodd Elin yn ôl i fwynhau y dawnsio traddodiadol. Roedd hi'n gyfarwydd â dawnsio Gwyddelig, wrth gwrs, gan ei bod wedi gweld dawnswyr *Riverdance* ar y teledu, ond doedd hi erioed wedi gweld neb yn dawnsio fel hyn yn fyw o'i blaen. Ymhen dim roedd hi'n eistedd ar flaen ei chadair yn curo dwylo wrth i'r un dyn a'r tair merch, yn cynnwys chwaer Declan, hedfan o amgylch y llwyfan, yn llamu ac yn chwyrlïo, eu coesu'n plygu mewn ffyrdd nad oedd Elin yn gwybod oedd yn bosib. Edrychodd draw at Moli, oedd yn gegrwth ac wedi ei chyfareddu'n llwyr. Ar ganol un gân diflannodd y dawnswyr oddi ar y llwyfan ac yn eu lle ymddangosodd Aoife fach, a ddawnsiodd yn y sbotolau ar flaen y llwyfan mor broffesiynol â'r oedolion i fonllefau o gymeradwyaeth. Doedd neb yn curo dwylo'n uwch na Moli. Pan ddaeth Declan a'i chwiorydd draw i ddweud helô ar ddiwedd y noson, aeth Moli yn swil i gyd, a'u trin fel petaen nhw'n selébs.

Roedd pawb mewn hwyliau arbennig wrth gerdded at y ceir, a'r Cymry'n synnu nad oedd nosweithiau tebyg i'w cael adref i ddathlu diwylliant Cymreig.

'Pan fyddan ni'n dod i fyw i 'Werddon, ga i wersi dawnsio fel'na?' gofynnodd Moli ar y ffordd adref.

'Cei tad,' meddai Elin, wedi gwirioni o glywed y gair 'pan' yn hytrach nag 'os'.

'Gei di ddechra wsnos nesa os leci di,' meddai Beca. 'Mae Declan yn gorfod mynd â Mairead, ei chwaer fach arall, i wersi dawnsio ar nos Fercher. Dwi'n siŵr y cei di fynd efo nhw. 'Run oed â chdi ydi Mairead.'

'Ga i, Mam?' gofynnodd Moli.

'Wrth gwrs,' atebodd Elin, gan wenu fel giât.

Wrth i Elin ddilyn car Rhys i fyny'r ffordd am An Teach Ban, gorfu i'r ddau gar dynnu i mewn i adael i gar Garda ddod heibio. Llamodd calon Elin wrth wylio Rhys yn arafu ac yn agor ei ffenest i siarad efo rhywun oedd yn cerdded i lawr y ffordd. Craffodd Elin i weld pwy oedd o, ond roedd hi'n rhy dywyll iddi fedru gweld. Dechreuodd y dyn gerdded yn ei flaen a chanodd Rhys ei gorn cyn gyrru am y tŷ.

'Kevin ydi o!' meddai Beca wrth iddyn nhw nesáu tuag ato. Arafodd Elin y car ac agor ei ffenest hithau.

'Everything OK, Kevin?' gofynnodd.

'Yes, yes, no worries. Just the Garda doing checks,' atebodd. Cododd ei law a cherdded i gyfeiriad y bungalo.

Tybed ai Rory O'Donnell oedd y Garda, meddyliodd Elin.

Pennod 13

Gwawriodd bore Gwener y Groglith yn braf. Cododd Elin yn fuan yn y gobaith y byddai gwesteion y byncws yn gwneud yr un fath, gan eu bod yn gadael y bore hwnnw i wneud lle i griw arall oedd yn cyrraedd ddiwedd y prynhawn. Golygai hynny fod angen stripio a newid y gwlâu i gyd.

Er mawr syndod iddi roedd Beca wedi codi o'i blaen ac yn bwyta'i brecwast pan gerddodd Elin i'r gegin.

'Rargian, be wnaeth i ti godi mor gynnar?'

'Mae Declan a fi am fynd am reid hir ar y beics heddiw,' atebodd. 'A 'dan ni isio cychwyn reit handi. Dwyt ti ddim angen i mi wneud dim byd arbennig heddiw, nag wyt?'

'Nac'dw tad, dos di i fwynhau dy hun. Dydi Declan ddim yn gweithio heddiw, dwi'n cymryd?'

'Nac'di, ond mae o fory a dydd Sul.'

Tywalltodd Elin baned iddi'i hun ac eistedd wrth ochr ei merch. 'Mae teulu Declan i weld yn bobol neis iawn.'

'Ydyn, maen nhw,' cytunodd Beca, 'ac yn grefyddol iawn. Y diwrnod o'r blaen, mi ofynnodd ei fam o i mi pa grefydd ydw i.'

'O? Be ddeudist di?'

''Mod i ddim yn gwybod. Mi wnaeth hi sbio'n wirion arna i braidd. Pa grefydd ydw i, Mam?'

''Run, bellach. Mi fuest ti'n mynd i'r ysgol Sul am chydig pan oeddat ti'n fach, cyn i gapel y pentre gau. Ti'n cofio?'

'Gen i ryw go' o Anti Neli'n rhoi da-da mint i mi yno,' atebodd Beca, cyn oedi i ystyried. 'Be mae Taid yn feddwl pan mae o'n deud mai i gapel yr aderyn bach mae o'n perthyn?'

Gwenodd Elin. Doedd hi ddim wedi'i glywed o'n dweud hynny ers blynyddoedd.

'Wel, nad ydi o'n perthyn i'r un enwad arbennig, ond yn gweld gogoniant Duw ym mhob man, am wn i,' atebodd.

Edrychodd Beca'n feddylgar am funud. 'Mae Declan a'i

deulu'n gwneud y *Walk of the Cross* yn Greystones heno, ac maen nhw wedi gofyn i mi fynd efo nhw.'

'Be ydi *Walk of the Cross*?' gofynnodd Elin.

'Wel, yn ôl be dwi'n ddallt, cofio am daith Iesu yn cario'i groes i fyny Calfaria maen nhw, trwy gerdded drwy'r dre tu ôl i ddyn yn cario croes.'

'O, rwbath i Gatholigion ydi hwnna,' meddai Elin yn syth.

'Naci, un eciw... eciwmenical ydi o, i bawb.'

'Pawb sy'n arddel crefydd,' brysiodd Elin i ychwanegu. Roedd arni ofn crefydd, ofn ei phŵer dros bobl, ofn y dadlau a'r rhwygiadau roedd crefydd yn eu creu, a doedd hi ddim yn awyddus i Beca gael ei thynnu i mewn i'r eglwys Gatholig. Eto i gyd, gwyddai fod gan ei merch hawl i benderfynu drosti'i hun.

'Ma' Rhys wedi sôn am fynd â fi allan i O'Reilleys heno, gan fod 'na ganu byw yno. Ro'n i wedi meddwl mynd, tasat ti'n fodlon aros efo Moli a'r hogia.'

'Tydi Liam ddim adra?' gofynnodd Beca.

'Dwi'm yn siŵr ... dwi'n meddwl 'i fod o'n mynd allan efo'i ffrindiau,' atebodd Elin, heb syniad a oedd hynny'n wir ai peidio.

'Ocê 'ta. Arhosa i yn fama,' meddai Beca. 'Doedd gen i ddim llawer o fynadd mynd beth bynnag.'

Diolchodd Elin iddi gyda gwên. 'Reit, dwi'n mynd i weld oes 'na symudiad yn y byncws,' meddai. 'Bydda di'n ofalus ar y beic 'na, wir Dduw!' ychwanegodd.

'Mi fydda i!' atebodd Beca. 'Dwi 'di dysgu'r wers honno!'

Drwy lwc, roedd gwesteion y byncws yn awyddus i gychwyn ar ran nesa'u taith, felly cafodd Elin ryddid i stripio'r gwlâu cyn yr amser gadael swyddogol, sef hanner awr wedi deg. Erbyn hynny roedd hi wedi tynnu'r dillad ac wedi llwytho dogn go helaeth ohonyn nhw i'r peiriant golchi yn y byncws. Roedd hi ar ei ffordd i roi llwyth arall ym mheiriant golchi'r tŷ pan ddaeth wyneb yn wyneb â Betty. Methodd guddio'i syndod.

'O! Hello!'

Aeth Betty o'i blaen at y tŷ ac agor drws y cefn iddi ag un llaw. Cariai dun cacen yn y llall.

'Thank you,' meddai Elin, gan geisio dyfalu beth oedd Betty eisiau. Gwthiodd Flynn, oedd wedi dod i'r drws i'w chyfarch, o'r neilltu efo'i phen-glin a gollwng y dillad gwely o flaen y peiriant golchi.

Safai Betty yng nghanol y gegin â'r olwg siomedig arferol ar ei hwyneb. Gwthiodd y tun tuag at Elin. 'I've bought you these.'

Cymerodd Elin y tun yn betrusgar. Roedd Betty wedi hen arfer dod â bwyd efo hi, ond fel arfer byddai'r geiriau 'for the boys' yn dilyn yr offrwm.

'Hot cross buns,' meddai. 'Fresh from the oven.'

'Oh, lovely! Diolch, thank you,' meddai Elin, heb lwyddo i gadw'r syndod o'i llais. Safodd y ddwy yn edrych ar ei gilydd am eiliad. Cynigiodd Elin baned iddi er mwyn torri ar y tawelwch.

Oedodd Betty cyn ateb. 'No. No thank you. I have to get on. I have an appointment at the hairdressers.' Cychwynnodd tuag at y drws, cyn troi yn ei hôl. 'I trust your father's well?'

'Yes, thank you,' atebodd Elin.

'I had thought perhaps he might have come over with you for the holidays?'

'Oh, no ...' meddai Elin. Doedd y syniad o'i wahodd i ddod efo nhw ddim wedi croesi ei meddwl. 'He's kept busy now with Taffi, the new puppy, and I believe he and Megan are going on a trip to Chester tomorrow.'

'With Megan, is it?' meddai Betty. 'Hmm!' Ar hynny aeth allan o'r gegin.

'Thank you again,' galwodd Elin.

'Aye,' meddai Betty gan gau'r drws ar ei hôl.

'Wel wir!' meddai Elin wrth y ci. 'Be nesa!'

Er na wyddai pam, dechreuodd Elin deimlo'n nerfus wrth gerdded i dafarn O'Reilleys y noson honno, a gafaelodd yn dynn ym mraich Rhys. Roedd hi wedi bod yn y dafarn efo fo o'r blaen, ond dyma'r tro cyntaf iddi fynd yno fel ei gariad ... a rhywun oedd ar fin cymryd lle Roisin fel meistres An Teach Ban. Edrychodd Rhys arni.

'Ti'n iawn?' gofynnodd.

'Ydw,' atebodd Elin, gan wenu'n wan arno. 'Jest meddwl ... ydi pawb yn y pentre yn gwybod ein bod ni'n gwpwl rŵan?'

'Wel, os nad ydyn nhw, mi fyddan nhw erbyn bore fory!' Gwenodd Rhys arni. 'Ti ddim yn nerfus, nag wyt?'

'Na! Wel, jest meddwl sut groeso ga i. Roedd Roisin yn boblogaidd iawn, doedd.'

'Mi faswn i'n deud ei bod hi'n fwy adnabyddus na phoblogaidd. Roedd pawb yn ei nabod hi, ond dwi ddim yn siŵr faint oedd yn ei hoffi hi chwaith. Dwi'n cofio Sinead yn deud ryw dro bod rhai o'i ffrindiau ysgol hi'n meddwl 'i bod hi wedi mynd yn dipyn o lances ar ôl symud i Ddulyn a chael rhywfaint o lwyddiant fel cantores.'

'Chafodd hi ddim maddeuant pan ddewisodd ddod yn ôl i Knockfree i fagu ei phlant?'

'Naddo, achos mi ddaeth hi â Chymro yn ôl efo hi yn ŵr!' atebodd Rhys gan wenu.

Go brin fod hynny'n wir, meddyliodd Elin, o gofio'r derbyniad gwresog a gawsai y tro diwethaf iddyn nhw fynd i'r dafarn. Gwasgodd Rhys ei llaw.

'Gei di groeso mawr, gei di weld,' meddai. 'Mi fydd hwyliau da ar bawb heno a hithau'n wyliau – ac yn achlysur hanesyddol, achos dyma'r dydd Gwener y Groglith cynta i'r tafarnau gael bod ar agor ers naw deg o flynyddoedd.'

Daeth ystyr y sgwrs a glywodd Elin yn siop Breda yn glir iddi. 'Fydd Kevin yno, bydd?' gofynnodd, gan wybod bod Kevin yn treulio sawl noson yr wythnos yn y dafarn er mwyn osgoi bod adref efo'i fam.

'Na fydd!' atebodd Rhys, gan wthio'r drws ffrynt yn agored. 'Mae Betty'n daer yn erbyn i'r tafarndai fod yn agored ar ddydd Gwener y Groglith ac wedi'i rybuddio fo i beidio â meiddio t'wyllu'r lle!'

Roedd Rhys yn iawn. Doedd dim rhaid iddi fod wedi poeni.

Roedd Tony y landlord, oedd yn dipyn o ffrindiau efo Rhys, a ffyddloniaid O'Reilleys yn hynod glên a chroesawgar, a Tony'n enwedig yn falch o weld Rhys mor hapus.

'I don't know what you've done to yer man, but I've never seen the fella as happy as he's been in the past few weeks – so here's a pint of the black stuff from me!' meddai, gan gyflwyno gwydraid o Guinness iddi tra safai Rhys wrth ei hochr yn gwenu'n swil. Edrychodd Elin o gwmpas i chwilio am Sinead, ac roedd hi'n falch iawn o weld nad oedd hi yno. Doedd hi ddim yn ffansïo mân-siarad efo un oedd wedi'i gwneud hi mor amlwg nad oedd yn ei chroesawu i'r pentref.

A hithau bron yn hanner awr wedi wyth roedd y lle yn eitha llawn, ond llwyddodd Rhys i ddod o hyd i fwrdd yng nghornel bellaf yr ystafell. Wrth ei ddilyn yno gwenodd Elin ar bawb wrth basio. Pobol leol oedden nhw i gyd, tybiodd. Roedd nifer o bentrefi eraill harddach yn yr ardal oedd yn fwy o atyniaid i dwristiaid, felly câi trigolion Knockfree lonydd.

Roedden nhw hanner ffordd drwy eu diod, ac ar ganol sgwrs ddifyr am y gwahaniaeth rhwng tafarndai Cymru ac Iwerddon, pan dynnwyd eu sylw gan ddyn yn sefyll gerllaw.

'Is this seat taken?' gofynnodd hwnnw, gan bwyntio at un o'r ddwy gadair wag wrth y bwrdd.

'No, it's free.' Gwenodd Elin arno ar ôl iddi sylwi pwy oedd y dyn pengoch. 'Sit down, Sargeant O'Donnell.'

Symudodd Rhys ei siaced i wneud lle iddo, ac eisteddodd yr heddwas.

'It's Rory. Please call me Rory – I'm off duty tonight.' Cymerodd swig sydyn o'i beint a gwenu'n llydan. 'And how are your young detectives? Have they caught any more criminals for me?'

'No, thank God!' meddai Rhys. 'I'm afraid those two have overactive imaginations.'

'Now, that's no bad thing,' meddai Rory.

'No, I suppose not,' cytunodd Rhys. 'Though I wish they'd use a bit more of it at school.'

'Do they not like school?'

'Not really. They're outdoor boys, not made to sit still and listen all day.'

'I can identify with that myself. I didn't much like school but I'm glad I stuck to my studies. It was worth it in the end,' meddai Rory.

'I wish you'd say that to the boys.'

'I will, if you like,' cynigiodd Rory.

'It would be great if you could,' ymunodd Elin yn y sgwrs. 'To tell you the truth, the bed and breakfast incident has fired Pádraig's imagination, especially. I think he fancies himself as a bit of a detective.'

'And why not!' ebychodd Rory. 'Sure, it's not too bad a job.'

Edrychodd Rhys yn feddylgar arno. 'So you'd recommend joining the Gardai then?'

'I have no regrets, though I've had some personal struggles.'

'Oh?' meddai Rhys yn ddisgwylgar, ond newid y pwnc wnaeth Rory a dechrau trafod y gwahaniaeth rhwng plismona cefn gwlad a phlismona dinesig.

Edrychodd Elin arno'n fanwl tra oedd yn sgwrsio efo Rhys. Roedd o'n ddyn smart, wedi'i wisgo'n drwsiadus. Oedd o mewn perthynas, tybed? Yn sydyn, crwydrodd llygaid Rory at y drws, a throdd Elin ei phen i weld bod Kevin newydd gyrraedd y dafarn.

'Kevin!' galwodd. 'Sbia, Rhys, mae Kevin yma!'

Chwifiodd Rhys ei law ar ei frawd-yng-nghyfraith er mwyn tynnu ei sylw, a cherddodd Kevin tuag atynt.

'I'm glad to see you stood up to your mother at last, Kev!' chwarddodd Rhys.

Edrychai Kevin yn anghyfforddus. 'She doesn't know I'm here, so don't you dare go telling her,' meddai. 'She thinks I'm at the gym!'

Chwarddodd Rhys. 'Was he always this scared of his mother?' gofynnodd i Rory.

Edrychodd Rory ar Kevin. 'Yes, he's always been scared of his mother,' meddai'n dawel.

'And who can blame him!' meddai Elin, gan ddifaru ei geiriau'n syth. 'Sorry, Kevin, my mouth ran away with me there. I think this Guinness has gone straight to my head!'

'Oh, you don't have to apologise!' chwarddodd Kevin. 'We all know what you mean!'

Amneidiodd Elin arno i eistedd drwy daro'r gadair wrth ei hochr â chledr ei llaw. Sylwodd fod Kevin wedi dal llygaid Rory am ennyd cyn eistedd i lawr braidd yn anghyfforddus.

'Relax, man!' meddai Rhys wrtho. 'Betty's not going to walk in here, is she!'

'I'll get the drinks in,' meddai Rory, gan godi ar ei draed. 'What's everyone having?'

Wrth i'r noson fynd yn ei blaen, ac wrth i'r peintiau lifo, ymlaciodd Kevin heb sylwi bod Elin yn ei wylio fo a Rory'n fanwl. Erbyn diwedd y noson roedd hi naw deg y cant yn sicr fod Rory mewn perthynas – a hynny efo Kevin. Fel un oedd hefyd wedi gorfod cuddio perthynas roedd hi'n adnabod yr arwyddion.

'Dwi'n hoff iawn o Rory,' meddai Elin wrth iddi gerdded adref law yn llaw â Rhys y noson honno.

'A finna,' cytunodd Rhys. 'Mae o'n hen foi iawn. A dwi'n falch fod Kev 'di cael mêt newydd. Tydi treulio gormod o amser efo Betty yn gwneud dim lles iddo fo.'

Ysai Elin am gyfle i drafod ei damcaniaeth amdano fo a Kevin, ond gan na soniodd erioed wrth Rhys am yr adeg iddi weld Kevin yn cusanu dyn yn y cwt beics y llynedd, nac am gyfaddefiad Sinead ei bod mewn cariad efo Kevin, a'r modd y bu iddi ei darbwyllo i anghofio amdano heb esbonio'r rheswm pam, roedd y gyfrinach wedi'i chladdu'n rhy ddwfn iddi fedru crybwyll y peth. Tybed oedd Rhys wedi dyfalu bod Kevin yn hoyw? Efallai ei fod o'n gwybod, ond yn cadw'r gyfrinach rhagddi am yr un rheswm ag yr oedd hi'n ei chadw rhagddo fo. Cyfrinach Kevin, a neb arall, oedd hon. Ond hwyrach na fyddai Kevin yn ei chadw'n rhy hir chwaith, ystyriodd. A fyddai Rory'n rhoi'r nerth iddo roi'r gorau i fyw celwydd?

Edrychai hithau ymlaen at fyw bywyd heb gyfrinachau na chynllwynio, a chyfle i ddechrau o'r newydd yn Iwerddon. Gallai weld pen draw ei llwybr yn glir erbyn hyn – oedd, roedd yna heriau, ond dim ond dau rwystr mawr a welai. Y cyntaf oedd Elfed, ond y pwysicaf oedd Moli. Allai hi ddim meddwl am lusgo Moli draw yma a hithau'n torri'i chalon eisiau aros yng Nghymru. Roedd ei gweld yn brwydro i ddelio â thor priodas ei rhieni wedi bod yn ddigon anodd. Ond ar noson fel hon, efo Rhys wrth ei hochr a ffrindiau newydd o'i chwmpas, roedd ei chalon yn llawn gobaith.

Chwe niwrnod yn ddiweddarach diflannodd un rhwystr yn ddigon di-lol.

'Mam,' meddai Moli, 'ti'n cofio pan ddeudist ti mai *trial run* fasa'r gwyliau 'ma i weld os faswn i'n licio symud i fyw i 'Werddon? Wel, dwi 'di penderfynu: dwi isio dod.'

Roedd hi newydd ddychwelyd o dŷ Declan. Cafodd wahoddiad i dreulio'r diwrnod yno efo Mairead ar ôl i'r ddwy ddod ymlaen mor dda yn y wers Dawnsio Gwyddelig y noson cynt.

'Wyt ti'n siŵr?' gofynnodd Elin, yn methu credu'r hyn a glywai.

'Ydw,' atebodd Moli. 'Cyn belled â'n bod ni'n mynd i weld Dad yn aml.'

'Mi fyddwch chi, siŵr iawn, ac mi gei di siarad efo fo ar FaceTime bob nos os leci di,' sicrhaodd Elin. 'Welaist ti mohono fo am bum wythnos yn ystod yr haf, a doedd hynny ddim yn rhy ddrwg, nag oedd?'

'Nag oedd,' cytunodd Moli, 'ddim i ni, ond dwi'n meddwl bod Dad wedi bod yn unig hebddan ni.'

'Do, ma' siŵr, ond mae o wedi dechra arfer bod ar ei ben ei hun erbyn hyn, tydi?'

'Dwi'm yn licio meddwl amdano fo ar ben ei hun, 'sti, Mam,' cyfaddefodd Moli, ei hwyneb yn llawn pryder.

Gafaelodd Elin yn ei llaw. 'Mi wn i, cariad,' cysurodd hi.

'Ond mae ganddo fo ffrindia'n gwmni iddo fo,' ychwanegodd, gan grafu'i phen i feddwl pwy o'i ffrindiau oedd wedi bod yn gefn i Elfed dros y misoedd blaenorol. Allai hi ddim meddwl am neb oedd wedi bod yn fwy o gyfaill iddo fo na'i thad, yn enwedig pan oedd Elin a'r genod yn Iwerddon.

'Ac mae Taid yno hefyd, cofia. Mae o a Taid yn dipyn o ffrindia, yn tydyn?'

Nodiodd Moli. 'Fydda i'n mynd i'r un ysgol â Mairead?' holodd.

Oedodd Elin. 'I ba ysgol mae hi'n mynd?'

'St Bridgit's.'

Yr un ysgol â'i brawd, wrth gwrs, meddyliodd Elin. Roedd hi eisoes wedi cael sgwrs am yr ysgol efo Beca. Yn naturiol ddigon, roedd Beca am fynd i'r un ysgol â Declan – ond ysgol Gatholig oedd hi a byddai Elin yn llawer hapusach petai hi'n mynd i'r ysgol ddi-enwad leol. Wnaeth Beca ddim llyncu'r stori mai dim ond Catholigion gâi fynychu St Bridgit, gan ei bod eisoes wedi cyfarfod ffrind i Declan nad oedd yn arddel y grefydd honno, felly cytuno fu'n rhaid iddi. Dyna fyddai'n rhaid iddi'i wneud efo Moli hefyd, debyg. Roedd hi'n gwneud synnwyr i'r ddwy chwaer fynd i'r un ysgol, beth bynnag.

'Dwi'n siŵr y cei di,' meddai. 'Mi ffonia i'r ysgol i holi am lefydd i ti a Beca cyn gynted ag y bydd y gwyliau drosodd.'

Gwenodd Moli. 'O, diolch, Mam!' meddai. 'Ond mae 'na un peth pwysig y bydd yn rhaid i ni 'i wneud cyn y medran ni adael Cymru.'

'O? Be felly?' gofynnodd Elin, yn ofni maen tramgwydd arall.

'Mi fydd yn rhaid i ni ddysgu Taid sut i ddefnyddio FaceTime!'

'Bydd wir,' cytunodd Elin gan wenu.

'Mi fydd hynny'n hwyl,' ychwanegodd Beca, oedd newydd ddod i'r tŷ ar ôl ffarwelio'n hir â Declan, ac wedi dal cynffon y sgwrs.

'Be ti 'di bod yn wneud?' gofynnodd Moli. 'Dwi yn y tŷ ers o leia chwarter awr.'

'Chwara teg, welith hi mo Declan am dipyn rŵan,' meddai Elin.

'Wela i o fory,' cyhoeddodd Beca.

'Tydi o erioed am godi ben bore i ddeud ta-ta?'

'Nac'di,' meddai Beca, yn gwenu fel giât. 'Mae o'n dod efo ni!' Edrychodd Elin yn wirion arni. ''Nes i siarad efo Dad neithiwr, ac mae o'n deud 'i bod hi'n ocê iddo fo ddod i aros efo fi yn Godre'r Foel. Mae Dad wedi addo mynd â fo yn ôl i Gaergybi i ddal y fferi ddydd Sul. Mae o'n edrych ymlaen i'w gyfarfod o, medda fo.'

'O!' meddai Elin mewn syndod. Wyddai hi ddim beth arall i ddweud.

Gorweddai Elin yn ei gwely y noson honno yn gwrando ar Rhys, oedd wedi sleifio i mewn i'w llofft hi, yn chwyrnu'n ysgafn wrth ei hochr. Closiodd mor agos ato ag y medrai er mwyn sugno cymaint o nerth ag y gallai oddi wrtho. Gwyddai y byddai'n rhaid iddi wynebu Elfed i drafod y ffaith eu bod yn bendant ynglŷn â symud i Knockfree. Doedd hi ddim yn deg disgwyl i'r genod guddio'u cynlluniau a'u gobeithion am eu cartref newydd oddi wrth eu tad. Aeth ias drwyddi wrth feddwl am y sgwrs oedd o'i blaen, ac am y canfed tro aeth dros y geiriau yn ei meddwl.

Pennod 14

Cafodd peth o dristwch Elin o adael Iwerddon ei leddfu gan y croeso oedd yn eu disgwyl gan ei thad a Taffi. Roedd y ci bach wedi gwthio heibio i Alun ac yn prancio'n gyffrous, yn ceisio'i gorau i lyfu wynebau pawb.

'I told you she was a bit mad!' meddai Beca wrth i Declan blygu i lawr i fwytho clustiau meddal Taffi. Roedd Beca hithau wedi cyffroi o gael dod â Declan draw i Gymru, ac yn methu aros i fynd â fo i gyfarfod ei ffrindiau.

'She's a great dog!' meddai Declan.

Ar ôl i Alun gofleidio'i ferch a'i wyresau, estynnodd ei law i'r bachgen. 'Welcome to Wales, young man. Have you been here before?'

Ysgydwodd Declan ei law yn swil. 'Yes. I flew to Cardiff with me auld fella once to watch the rugby.'

'Oh, well, you'll find it's very different to Cardiff up here!' chwarddodd Alun.

'You stay here a minute, Decs, while I go to sort my things ready to go to Dad's,' meddai Beca. 'Mam? Edrycha ar ei ôl o i mi ... dwi'n meddwl ei fod o'n reit nyrfys o fynd i weld Dad.'

Ddim hanner mor nerfus â fi, meddyliodd Elin, cyn troi at y llanc. 'Come through to the kitchen with me,' meddai wrtho. 'You can help me make some lunch before you go to Godre'r Foel.'

Wrth fwyta'i chinio, a hanner gwrando ar y genod yn parablu bymtheg y dwsin wrth adrodd hanes eu gwyliau wrth eu taid, ystyriodd Elin pryd fyddai'r amser gorau iddi fynd i siarad efo Elfed. Byddai'n treulio'r pnawn efo'r genod, ac mae'n siŵr y byddai ganddo gynlluniau at y diwrnod wedyn. Dydd Sul fyddai orau, penderfynodd, ar ôl iddo ddanfon Declan at y fferi ac ar ôl i'r genod ddod yn ôl i Dan yr Eithin. Yn sydyn, trodd ei sylw at y sgwrs o'i chwmpas pan glywodd Beca yn trafod ei haddysg.

'I'll be going to the same school as Decs, but he'll be in the year above me.'

'O! Pa bynciau lefel A fyddi di'n wneud?' gofynnodd Alun.

'They don't do A levels in Ireland, Taid. They do Leaving Certificates and they study a lot of subjects, not just three or four like the A levels here,' atebodd Beca.

'How many subjects are you studying then, Declan?' gofynnodd Alun.

'Seven,' atebodd Declan.

'Seven!' ebychodd Alun. 'Ewadd!'

'And if I was there this year I would be in my transition year,' eglurodd Beca.

'Rargian! A be ydi un o'r rheiny?'

'Blwyddyn lle dach chi'n cael trio lot o bethau gwahanol a dysgu sgiliau newydd, a does 'na ddim arholiadau!' meddai Beca, gan droi at Moli. 'Braf arnat ti – mi fyddi di'n cael gwneud hynna. Gei di wersi yoga a phob math o betha!'

'Do'n i ddim wedi sylweddoli bod addysg mor wahanol yn 'Werddon,' meddai Alun.

Na finna tan yn ddiweddar, meddyliodd Elin, oedd wedi treulio llawer o amser ar y we yn ceisio dod i ddeall y system addysg yno.

'Do you study the Irish language?' gofynnodd Alun i Declan.

'Oh, yes. It's compulsory,' atebodd y llanc. 'I've had Irish lessons all my life.'

'So you speak it fluently.'

Edrychodd Declan ychydig yn anghyfforddus. 'I wouldn't say I was fluent, exactly.'

'Dydyn nhw byth yn 'i siarad hi, chi, Taid,' meddai Beca. 'Mae ei ffrindia fo i gyd yn casáu'r gwersi.'

Edrychodd Alun yn syn ar ei wyres. 'Fyddi di'n cael gwersi Gwyddeleg?'

'Na, gan 'mod i'n symud yno o wlad arall,' atebodd hithau.

'Ond dwi'n mynd i gymryd y gwersi Gwyddeleg, achos nes i ddysgu rhywfaint pan es i i'r Gwersyll Gwyddeleg yn yr haf,' meddai Moli.

'Wel, da iawn chdi, 'mechan i,' gwenodd ei thaid arni. Trodd at Declan. 'Are you going to try to learn a bit of Welsh then, Declan?'

Penderfynodd Elin y byddai'n well iddi newid y pwnc rhag i Declan druan deimlo'n fwy anghyfforddus byth. Torrodd ar draws y sgwrs i ofyn i'r genod beidio â sôn wrth eu tad am eu hysgol newydd.

'Pam ddim?' gofynnodd Beca. 'I've already told him that I'm moving to Ireland.'

'Mi wn i,' atebodd Elin. 'Ond dwi ddim wedi trafod y trefniadau'n swyddogol efo fo eto.'

'Wyt ti isio i mi aros cyn deud wrtho fo 'mod i isio symud i 'Werddon hefyd?' gofynnodd Moli.

'Ia plis, Moli. Mi siarada i efo fo ddydd Sul, ac mi gewch chi ddeud pob dim wrtho fo ar ôl hynny.'

Roedd Elin wedi dod yn gyfarwydd â threulio penwythosau heb y genod, ac fel arfer byddai hi'n mwynhau'r llonyddwch, ond ar ôl bwrlwm An Teach Ban roedd y dydd Sadwrn yn dawel a diflas, ac allai hi ddim setlo'n iawn i wneud unrhyw beth. Ar y bore Sul penderfynodd fynd i ben y Foel am dro.

'Mi ddo i a Taffi efo chdi,' cynigiodd Alun. 'Mae hi'n flynyddoedd ers i mi fod ar ben y Foel.' Edrychodd Elin arno'n bryderus. Roedd y llwybr yn gallu bod yn lladdfa iddi hi weithiau, heb sôn am i ddyn yn ei saithdegau.

'Dach chi'n siŵr bod Taffi'n mynd i fedru dringo i fyny?' gofynnodd yn amheus.

'Gofyn os ydi hen ŵr dy dad yn ddigon abal wyt ti, ia?' Gwenodd Alun ar ei ferch.

'Wel ... dach chi newydd ddeud na fuoch chi i fyny yno ers blynyddoedd,' atebodd Elin.

'Does 'na ond un ffordd o ffendio allan, nag oes? Dwi 'di

meddwl mynd droeon, ond mae'n amser bellach i mi beidio rhoi pethau heibio tan fory.'

'Be dach chi'n feddwl?' gofynnodd Elin yn ddryslyd.

'Wel ... ryw ddiwrnod fydd 'na ddim fory.'

''Rargian annw'l, peidiwch â siarad fel'na! Ewch i nôl eich côt, 'ta!' Gwthiodd Elin y syniad o fywyd heb ei thad o'i phen cyn iddi orfod meddwl mwy am y peth.

Roedd hi'n ddiwrnod braf arall a phentref Rhosyreithin yn dawel wrth i'r tad a'r ferch gerdded drwyddo gan sgwrsio'n hamddenol. Allai Elin ddim cofio'r tro diwethaf iddi fynd am dro efo'i thad ac roedd y profiad yn dod â phob math o atgofion yn ôl i'r ddau.

'Wyt ti'n cofio fi'n dy ddysgu di i reidio beic ffor' hyn?' gofynnodd Alun.

'Nac'dw. Dwi'm yn cofio cael beic erioed. Wnaeth Mam ddim gadael i mi gael un – gormod o elltydd peryg yma, medda hi.'

'Wel, mi oedd gen ti feic, un bach pinc efo cloch arian arno fo, a basged fach wen ar y blaen. Roeddat ti wrth dy fodd efo fo.'

'O'n i?' gofynnodd Elin yn ddryslyd. 'Dwi'm yn cofio! Beic dwy olwyn oedd o?'

'Ia. Doeddat ti 'mond ryw bedair oed.'

'Ifanc iawn i gael beic dwy olwyn.'

'Dyna ddeudodd dy fam! Mi est ti lawr yr allt fach 'na yn fanna, ac yn lle dilyn y tro mi est ti ar dy ben i'r ffos, a honno'n llawn mwd!'

'Wnes i frifo?'

'Naddo, dim ond dychryn ... ac mi oedd gen ti glais bach neu ddau. Ond mi wnaeth dy fam ffŷs y diawl pan welodd hi chdi yn fwd drostat ac yn edrych fel y *Creature from the Black Lagoon*!' Dechreuodd chwerthin wrth gofio, a daeth brith gof i Elin o orfod cael bath ganol dydd.

'Ma' gin i ryw go', erbyn meddwl,' meddai. 'Roedd Mam yn flin iawn efo chi, a finna'n crio dros bob man!'

'Dyna chdi! A chest ti erioed feic wedyn,' meddai Alun.

'Wel wir,' rhyfeddodd Elin. 'Mae hyn yn esbonio pam dwi wastad wedi bod yn gyndyn o fynd ar feic, a wnes i erioed adael i'r genod gael un. Mae'n eironig 'mod i ar fin mynd i fyw i ganolfan feicio, tydi! Tybed be fasa Mam yn ddeud?'

'Mi fasa dy fam yn hapus drostat ti dwi'n siŵr.'

Daeth pwl sydyn o hiraeth dros Elin, a cherddodd y ddau yn eu blaenau'n dawel.

Llwyddodd y ddau i ddringo'r Foel yn weddol ddidrafferth, ar ôl oedi ambell waith i Alun gael ei wynt ato. Roedd yr awel wedi cryfhau erbyn iddyn nhw gyrraedd y copa a daliodd Elin ei gwallt o'i hwyneb wrth edmygu'r olygfa drawiadol. Dechreuodd deimlo'n emosiynol wrth weld bro ei mebyd o'i blaen, a beiodd y gwynt am y dagrau ddaeth i'w llygaid.

'Mi fydd hi'n rhyfedd gadael yr hen le 'ma,' meddai, gan geisio rheoli'r cryndod yn ei llais.

Estynnodd Alun am ei llaw a'i gwasgu. 'Fyddi di ddim yn bell 'sti,' meddai. 'Sbia!'

Trodd Elin ei phen i ddilyn ei fys a gwelodd fynyddoedd Wiclo ar y gorwel yn donnau uwch y tonnau. Cofiodd yn ôl i'r diwrnod hwnnw yr haf cynt pan welodd nhw o'i gardd a phenderfynu dianc oddi wrth Elfed, draw i'r mynyddoedd at Rhys. Anaml y deuai'r mynyddoedd i'r golwg ac roedd rheswm pam y gwelodd hwy y diwrnod hwnnw, meddyliodd, fel heddiw.

'Dwi'n gwneud y peth iawn, yn tydw, Dad?'

'Wyt, 'nghariad i. Mi wyt ti'n gwneud y peth iawn. Cofia di hynny beth bynnag ddigwyddith.'

Erbyn i'r genod gyrraedd adra gyda'r nos roedd stumog Elin yn troi wrth feddwl am fynd i weld Elfed. Roedd hi eisoes wedi gyrru neges ato i drefnu y byddai'n mynd draw i Odre'r Foel erbyn saith.

Ar ôl swper aeth Beca'n syth i'w llofft i astudio, a dechreuodd Moli wylio *Countryfile* ar y teledu efo Alun gan roi llonydd i Elin glirio'r llestri. Cymerodd y cyfle i fynd dros yr hyn oedd ganddi i'w ddweud wrth Elfed, gan ddychmygu ei ymateb. Doedd hi ddim am gymryd unrhyw lol – petai o'n gwrthod gadael i Moli fynd i Iwerddon roedd hi wedi penderfynu y byddai'n mynd drwy'r llysoedd i fynnu'r hawl. Roedd hi eisoes wedi siarad â'i chyfreithiwr ac yn gwybod, yng ngoleuni'r ffaith fod Moli eisiau mynd, fod y gyfraith ar ei hochr hi. Ond yn anffodus byddai menter o'r fath yn costio'n ddrud iddi, a hoffai osgoi hynny os yn bosib.

Ar ôl gorffen clirio aeth i ofyn i Alun a fyddai o'n fodlon dod efo hi i weld Elfed, ond roedd yn chwyrnu cysgu yn ei gadair. Mae'n rhaid bod y daith i ben y Foel y diwrnod cynt wedi dweud arno, felly penderfynodd adael llonydd iddo. Mi fyddai hi'n iawn ar ei phen ei hun, dim ond iddi gadw'i phen a glynu at ei sgript.

Roedd hi'n dechrau nosi, a goleuwyd y llwybr at gefn Godre'r Foel gan y lamp awtomatig wrth iddi gerdded tuag at y tŷ. Arafodd a thynnu anadl ddofn cyn curo'n gadarn ar y drws. Atebodd Elfed yn syth, a dal y drws yn agored iddi.

'Haia! Ty'd i mewn,' meddai, gan wenu'n glên arni.

Lluchiwyd hi oddi ar ei hechel. Doedd hi ddim wedi disgwyl y fath groeso.

'Ti'n iawn?' gofynnodd, gan gau'r drws ar ei hôl.

'Ydw,' atebodd Elin, gan sefyll yn lletchwith yng nghanol y gegin, oedd yn edrych yn dipyn glanach na'r tro diwethaf iddi fod yno.

'Ddoi di drwadd?' Amneidiodd Elfed tuag at yr ystafell fyw.

'Dwi'n iawn yn fama, diolch,' atebodd, gan eistedd ar y gadair agosaf at y drws cefn. 'Wyt *ti*'n iawn?'

'Ydw, dwi'n grêt, diolch i ti. Roedd y genod yn deud eich bod chi wedi cael andros o hwyl yn 'Werddon.'

Syllodd Elin arno'n ofalus, yn chwilio am arwydd ei fod wedi bod yn yfed, ond welodd hi ddim tystiolaeth o hynny. 'Do,' atebodd.

'Be ti'n feddwl o Declan?'

'Mae o'n hogyn neis,' atebodd Elin. 'A dwi'n meddwl ei fod o'n gwneud lles i Beca. Mae hi'n llawer mwy hyderus ers iddyn nhw ddechrau canlyn.'

'Dwi'n 'i licio fo hefyd ... mae o i weld dipyn mwy diniwed na'r hogia ffor'ma!' meddai Elfed gan wenu.

'Ydi gobeithio!' Roedd Elin hyd yma wedi ceisio osgoi hyd yn oed meddwl am y posibilrwydd fod ei merch yn cael rhyw, er ei bod yn yr oed cyfreithlon.

'Ti isio panad?'

'Dim diolch.'

Eisteddodd Elfed yntau wrth y bwrdd. 'Be s'gin ti i'w ddeud 'ta?'

Roedd yr Elfed clên o'i blaen yn gwneud iddi deimlo yn anesmwyth. Cliriodd ei llwnc.

'Isio sôn am y dyfodol o'n i. Dwi'n dallt bod y genod eisoes wedi sôn wrthat ti am y posibilrwydd y byddwn ni'n symud i Iwerddon.'

'Do,' atebodd, heb ddangos unrhyw emosiwn.

'Mae'n ddrwg gen i eu bod nhw wedi sôn cyn i mi gael cyfle i drafod efo chdi, ond y gwir amdani ydi na chafodd y penderfyniad ei wneud tan yn ddiweddar iawn.'

'Wela i.'

'A ... a dwi 'di dod yn syth i ddeud ... i drafod efo chdi.'

'Wela i,' meddai eto. 'A be ydi'r penderfyniad 'ma?'

'Mi fydda i'n symud i Knockfree ganol mis Mehefin ac mae'r genod am ddod efo fi. Erbyn hynny mi fydd Beca wedi gorffen ei harholiadau, a gwyliau haf yr ysgolion Gwyddelig wedi dechrau.'

Daliodd Elin ei gwynt i ddisgwyl y ffrwydrad ond ni ddaeth un. Eisteddodd Elfed yn dawel am eiliad.

'A dyma be mae'r ddwy isio?' holodd o'r diwedd.

'Ia. Gei di ofyn iddyn nhw dy hun, ond o'n i'n meddwl y byswn i'n deud wrthat ti gynta,' atebodd Elin. 'Mi fyddan nhw mewn cysylltiad efo chdi drwy'r amser, wrth gwrs, dros y ffôn a'r we, ac mi fedran nhw ddod draw i aros am benwythnosau'n rheolaidd, ac yn ystod y gwyliau. Tydi Knockfree ddim mor bell â hynny, wedi'r cwbwl. Mi fasat ti'n medru dod draw i Ddulyn i'w gweld nhw am y diwrnod, hyd yn oed.'

Syrthiodd distawrwydd rhyngddyn nhw eto, a chynyddodd anesmwythyd Elin gyda phob eiliad. Roedd hi wedi paratoi ar gyfer gweiddi a bygwth a thaeru, ond nid hyn.

'Gofyn am fy nghaniatâd i i fynd â nhw wyt ti?' gofynnodd Elfed or diwedd.

'Ia.'

'Iawn. Os mai dyna maen nhw isio ... iawn,' meddai. 'Gei di fy nghaniatâd i.'

Ceisiodd Elin guddio'i syndod. Roedd hyn yn rhy hawdd. 'Ond mae 'na un amod ...' mentrodd.

Cododd Elfed ei ael. 'Sef?'

'Mae'n rhaid i mi fod yn dawel fy meddwl na fyddi di'n yfed.'

Ochneidiodd Elfed, cyn edrych i fyw ei llygaid. 'Mi fydda i'n onest efo chdi, Elin, mi wnes i syrthio oddi ar y wagan yn ôl ym mis Chwefror pan ddeudist ti wrtha i am Rhys, ond ddim am hir. Chydig ddyddiau. Ges i help ... dwi'n *cael* help. Mae gen i gefnogaeth. Dwi'n gwbod nad oes fiw i mi yfed byth eto. Dwi'n dallt hynny. Dwi'n derbyn hynny.'

Syllodd Elin yn amheus arno, yn ysu am allu ei gredu.

'Paid â sbio arna i fel'na,' meddai Elfed yn dawel. ''Sgin ti'm syniad pa mor anodd mae hyn wedi bod.'

Roedd o'n iawn. Allai hi ddim dechrau deall beth oedd dibyniaeth. 'Sori,' meddai. 'Dwi wir yn falch dy fod di wedi llwyddo i sortio dy hun allan.'

'Mi fydda i'n talu llai o *maintenance* i ti, wrth gwrs, gan na fyddan nhw efo fi gymaint.'

'Iawn,' meddai Elin. 'Tydi hynny ond yn deg. Ond wnei di gyfrannu at gostau'r tocynnau fferi iddyn nhw ddod atat ti?'

'Mi a' i hanner a hanner efo chdi.'

Cytunodd Elin yn syth. Ystyriodd sôn eto am roi'r tŷ ar y farchnad ond penderfynodd beidio â gwthio'i lwc. Câi hynny aros at eto. Cododd ar ei thraed.

'Reit,' meddai. 'Well i mi fynd 'ta. Diolch, Elfed.' Nid atebodd Elfed. 'Wela i di,' meddai wrtho, gan agor y drws.

Gwyliodd Elfed hi'n mynd heb yngan gair.

Safodd Elin ar yr ochr allan i'r drws ar ôl ei gau, gan ollwng anadl hir o ryddhad. Roedd y cyfarfod wedi bod yn llawer, llawer haws na'r disgwyl. Dechreuodd gerdded i lawr llwybr yr ardd, ac wrth fynd drwy'r giât gwelodd fod y gwynt wedi chwythu un o'r bocsys ailgylchu drosodd – rhywbeth oedd yn digwydd yn aml yn Rhosyreithin. Plygodd i'w godi, ac wrth iddi wneud rowliodd potel wag ohono a stopio wrth ei thraed. Potel win. Suddodd ei chalon a throdd ei stumog. Y blydi diawl celwyddog! Ciciodd y botel i ben arall yr ardd a martsio oddi yno. Be ddiawch wnâi hi rŵan? Sut allai hi yrru'r genod i aros efo fo os na allai fod yn siŵr ei fod o'n sobor? Gwelodd y jigso roedd hi wedi gweithio mor galed i'w roi at ei gilydd yn dechrau chwalu, a llifodd ton o siom a rhwystredigaeth drosti.

Erbyn iddi gyrraedd adra roedd Alun wedi deffro, ac yn gwneud paned iddo'i hun.

'Sut aeth hi?' gofynnodd cyn iddi gael cyfle i dynnu'i chôt. Caeodd Elin y drws rhwng y gegin a'r stafell fyw cyn eistedd i lawr wrth fwrdd y gegin i ddweud yr hanes wrtho.

'A welist ti ddim arwydd ei fod o wedi bod yn yfed heno?' gofynnodd ar ôl iddi orffen.

'Naddo. Ond mi oedd o'n ymddwyn yn od, 'sdim dowt am hynny.'

'Sut felly?'

'Roedd o'n glên, yn un peth!'

'Fysat ti'n deud 'i fod o'n hapus?'

'Doedd o'n sicr ddim yn anhapus.'

'Yn fodlon ei fyd?'

'Oedd, dwi'n meddwl.'

Edrychodd Alun yn ddifrifol arni. 'Fel tasa fo wedi dod i ryw benderfyniad?' gofynnodd.

'Dw'n i'm ... falla ... be sy'n gwneud i chi ofyn hynny?' Sylweddolodd Elin fod yr ateb i'w chwestiwn yn wyneb syber ei thad. 'Dach chi'm yn meddwl ... dach chi'm yn meddwl y bysa fo'n gwneud rwbath gwirion, nac'dach?'

'Dwn i'm,' atebodd Alun. 'Ti'n clywed am gymaint o ddynion yn gwneud hynny y dyddia yma ... '

Cofiodd Elin beth ddigwyddodd i Paul, ffrind gorau Elfed, ac aeth yn oer drosti. 'Well i mi fynd yn ôl yno, i ... i wneud yn siŵr ei fod o'n iawn.'

Cododd Alun. 'Aros di – mi a' i,' meddai.

'Na,' atebodd Elin yn gadarn. 'Arhoswch chi yn fama efo'r genod, plis. Mi ffonia i os bydd ... ' meddai, gan gydio yng ngoriadau ei char a rhuthro o'r tŷ.

Pan gyrhaeddodd Godre'r Foel roedd y tŷ'n dywyll a doedd car Elfed ddim y tu allan. Edrychodd Elin ar gloc ei char – wyth o'r gloch. Lle ddiawl oedd o am wyth o'r gloch ar nos Sul? Estynnodd am ei ffôn a phwyso ar ei enw, gan geisio meddwl am esgus am yr alwad, ond rhoddodd y ffôn i lawr pan aeth yn syth i'r peiriant ateb. Teimlodd y panig yn byrlymu y tu mewn iddi. Ei greddf oedd ffonio Rhys, ond allai o wneud dim ac yntau mor bell i ffwrdd. Gyrrodd y car yn ei flaen i gyfeiriad y ffordd tua'r hen chwarel a'i byllau dyfnion. Cyrhaeddodd ben draw y lôn – doedd dim golwg o gar Elfed. O leia doedd o ddim wedi dilyn llwybr Paul i fyny i'r chwarel. Penderfynodd yrru neges destun ato, gan feddwl y byddai'n fwy tebygol o weld neges nag ateb galwad. Ar ôl pendroni'n hir, setlodd ar deipio 'dim ond tshecio fod popeth yn iawn'. Pwysodd y botwm i yrru'r neges, ond ni ddaeth y gloch i ddynodi bod Elfed wedi anfon ateb. Trodd y car rownd a gyrru'n ôl i lawr y ffordd.

Wrth iddi yrru heibio i resaid o dai, clywodd dincial y ffôn, a stopiodd y car yn syth i ddarllen y neges. Suddodd ei chalon. Neges gan ei thad yn holi oedd popeth yn iawn. Dewisodd beidio ateb gan y byddai'n ôl adref mewn chwinciad, a thaniodd yr injan eto.

Cyn iddi yrru i ffwrdd digwyddodd edrych ar gar oedd yn y dreif wrth ei hochr – dreif tŷ Seren, ffrind Moli. Car Elfed! Mae'n rhaid bod Meirion yn ôl efo Alwen, meddyliodd. Gyrrodd y car yn araf heibio'r tŷ. Drwy ffenest y gegin gallai weld siâp dyn a dynes yn sgwrsio. Taflodd y ddynes ei phen yn ôl wrth chwerthin, a gafelodd y dyn amdani. Adnabu siâp y dyn yn syth. Elfed! Wel, wel wel! Doedd dim rhyfedd bod hwyliau gwell arno fo. Anelodd yn syth am adref.

Pan oedd hi newydd orffen dweud yr hanes wrth Alun, canodd ei ffon. Neges gan Elfed yn ateb ei chwestiwn: 'Ydi tad, pam ti'n gofyn?'

Penderfynodd ateb yn blaen. 'Am 'mod i wedi ffendio potel win wag wrth ymyl dy fin ailgylchu di!'

Daeth yr ateb yn syth. 'Mi fydd yn rhaid i ti ofyn i Beca am hynna.'

Edrychodd Elin ac Alun ar ei gilydd. 'Beca!' galwodd Elin, 'ty'd yma am eiliad.'

Pan ddaeth Beca i'r gegin, cymerodd un olwg ar ei mam a'i thaid. 'Be dwi 'di wneud?' holodd.

'Fedri di esbonio pam roedd 'na botel win wag ym min ailgylchu dy dad?' gofynnodd Elin.

'O God! Sbragar! Mi wnaeth o addo na fysa fo ddim yn deud,' protestiodd Beca.

'Deud be?'

'Deud ei fod o wedi copio fi a Declan yn yfad gwin yn y llofft!'

'Beca!' ebychodd Elin yn flin.

'Cyn i ti neud ffŷs, Mam, gwin *low alcohol* oedd o ... a doedd o ddim yn neis eniwê!'

'Lle gest ti hi?'

'Brawd Begw aeth i'w nôl hi i mi o Tesco.'

Cwffiodd Elin yr awydd i wenu wrth feddwl am ei merch yn trio bod yn soffistigedig yn gofyn am botel o win yn lle caniau, a diolchodd nad potel o fodca neu jin gafodd hi.

'Sori, Mam,' meddai Beca, gan edrych yn fwy euog na sori.

'Plis bydda'n ofalus, Beca. Ti'n gwybod cystal â neb sut effaith mae alcohol yn medru ei gael.'

'Mi wna i ... sori.'

'Pan welis i'r botel ro'n i'n meddwl mai dy dad ...'

Torrodd Beca ar ei thraws. 'O na, wnaeth Dad mo'i hyfed hi! Dwi ddim wedi gweld diod yn agos at y tŷ, ac mi fyswn i'n gwybod tasa Dad wedi bod yn yfed.'

'Os weli di unrhyw awgrym, mi wnei di ddeud wrtha i'n syth, yn gwnei?'

'Gwnaf siŵr! Ac os mai poeni amdanan ni yn dod i aros efo Dad ar ôl symud wyt ti, paid. Fyddan ni'n iawn, ac mae Taid yma hefyd, yn tydi.'

'Ydw tad,' ategodd Alun.

'Mi fyswn i'n poeni llai taswn i'n medru dy drystio di i fod yn gall hefyd!' dwrdiodd Elin.

'Sori, Mam,' meddai Beca eto. 'Dwi *yn* gall, ti'n gwybod 'mod i. Ga i fynd yn ôl i stydio rŵan?'

'Cei.'

Wedi iddi fynd rhoddodd Elin ei phen yn ei dwylo.

'Panad?' gofynnodd Alun.

'Sgynnoch chi rwbath cryfach?' gofynnodd, gan geisio peidio â dychmygu beth oedd Beca a Declan yn ei wneud yn y llofft tra oedden nhw'n yfed y gwin.

Pennod 15

Knockfree
Hanner tymor y Sulgwyn, saith wythnos yn ddiweddarach

Cerddodd Elin i mewn i'r gegin yn An Teach Ban a gollwng ei chês ar y llawr. Roedd y dynion a'r bechgyn i gyd wrth eu gwaith, a doedd neb o gwmpas heblaw Flynn, y ci. Teimlai ychydig bach ar goll. Roedd hi'n dal i deimlo braidd yn emosiynol ar ôl y gwasanaeth ffarwelio a gynhaliwyd iddi y diwrnod cynt yn yr ysgol lle roedd hi'n gweithio fel cymhorthydd. Byddai'n hiraethu am y plant, siŵr o fod, ond nid am y gwaith. Dim ond tair wythnos oedd tan y diwrnod mawr pan fyddai hi a'r genod yn gadael Cymru ac yn symud i fyw i Iwerddon, ac roedd hi am gael blas o fywyd yno tra oedd ei phlant yng Nghymru yn treulio'r hanner tymor efo'u tad. Roedd Beca'n astudio ar gyfer pythefnos olaf ei harholiadau TGAU ac arhosodd Moli yng Nghymru er mwyn cymryd rhan mewn twrnament pêl-droed. Gan nad oedd hi'n wyliau ysgol yn Iwerddon, fyddai'r efeilliaid na'i ffrindiau newydd ddim o gwmpas i gadw cwmni iddi beth bynnag. Roedd hi bellach wedi dod i arfer â chael y genod yn aros efo'u tad bob yn ail penwythnos, er ei bod ar goll yn llwyr am y troeon cyntaf, yn crwydro'r tŷ heb wybod beth i'w wneud efo hi'i hun. Daeth, yn raddol, i fwynhau'r rhyddid o gael penwythnosau iddi hi ei hun. Ond roedd hyn yn wahanol – wythnos gyfan hebddyn nhw.

Wedi iddi anwesu'r ci cododd ei chês a'i gario i'r llofft. Roedd Rhys yn awyddus i addurno'r tŷ drwyddo, yn barod i'r teulu newydd gyrraedd, a'i thasg hi yr wythnos hon oedd dechrau ar y gwaith. Ar ôl dadbacio dechreuodd edrych o'i chwmpas yn fanwl, a dechrau cynllunio. Gwyddai y byddai'n rhaid iddi fod yn sensitif gan fod stamp Roisin drwy'r tŷ, a doedd hi ddim yn fwriad ganddi i ypsetio'r bechyn drwy chwalu pob ôl ohoni. Roedd hi am gynnwys pawb yn y penderfyniadau a gadael i'r plant wneud fel y mynnen nhw yn eu llofftydd eu hunain.

Wrth gerdded o amgylch yr ystafell fyw yn ceisio dychmygu sut y byddai'n edrych ar ôl symud y dodrefn a phapuro'r waliau aeth ias drwyddi, fel petai rhywun yn cerdded dros ei bedd. Trodd i edrych ar y darlun mawr o Rosin a'r bechgyn oedd ar wal y pentan. Edrychai Roisin fel model gyda'i gwallt hir, cyrliog, coch, a'i chroen golau fel marmor. Edrychodd i fyw ei llygaid gwyrdd – er bod Roisin yn gwenu yn y llun roedd y llygaid oedd yn syllu'n ôl arni yn oer. Byddai wedi hoffi ei dynnu i lawr a'i guddio, ond gwyddai y byddai hynny'n gamgymeriad mawr.

'It's OK, Roisin,' meddai wrth y llun. 'I'll never take your place in the boys' hearts.'

Clywodd lais Rhys yn galw arni o'r gegin, felly trodd ei chefn ar lun Roisin a rhuthro i mewn i'w freichiau cynnes, croesawgar. Yn dilyn cusan hir, rhyddhaodd ei hun o'i freichiau ac estyn am ei bag llaw. Tynnodd amlen fawr allan ohono a'i rhoi i Rhys.

'Be 'di hwn?'

'Agor o!'

Tynnodd Rhys lythyr trwchus o'r amlen a'i ddarllen yn sydyn.

'Y *decree nisi*!' meddai gyda gwên lydan. 'Ti'n ddynas rydd!'

Gwenodd Elin yn ôl arno. 'Ddim cweit,' meddai. 'Mae 'na chwech wythnos arall nes y daw y *decree absolute* drwodd.'

'Gawn ni ddechra cynllunio i briodi rŵan?' gofynnodd Rhys yn eiddgar.

Gosododd Elin ei llaw ar ei foch a'i anwylo. ''Sdim rhaid i ni briodi dim ond i mi gael aros yn y wlad 'ma, 'sti,' meddai. 'Mae dinasyddion Prydain ac Iwerddon yn cadw'r rhyddid i symud yn ôl ac ymlaen ... am y tro, o leia.'

Gafaelodd Rhys yn ei llaw. 'Nid dyna pam dwi isio dy briodi di,' meddai'n ddistaw. Llanwodd ei lygaid â dagrau wrth iddo chwilio am eiriau oedd yn gwrthod dod. Gwasgodd Elin ei law yntau a gwenu arno.

'Dwi'n gwbod,' meddai. 'A dwinna'n dy garu ditha hefyd.'

Estynnodd Rhys am y gadwyn oedd ynghudd o dan ei chrys T a gafael yn y fodrwy oedd arni.

'Wnei di wisgo hon rŵan, o leia?' gofynnodd.

Edrychodd Elin ar y fodrwy. 'Mae gen i syniad gwell,' meddai. 'Gan ei bod hi'n fodrwy mor arbennig, be am i mi ei chadw hi at ddiwrnod arbennig – ei gwisgo hi fel modrwy briodas?' Gwyliodd Elin ei wên yn lledu.

'Iawn,' meddai. 'Cyn belled na fydd hi'n aros ynghudd lawer hirach.'

'Na fydd, dwi'n addo.'

Gwasgodd Rhys hi'n dynn ato a'i chodi oddi ar y llawr nes ei bod hi'n gwichian chwerthin. Dechreuodd Flynn neidio a chyfarth o'u hamgylch.

'Rho fi i lawr, y lembo!' chwarddodd Elin.

'Reit – noson allan heno i ddathlu,' meddai. 'Mae'r haul yn gwenu, mi fydd hi'n noson braf ac mae gardd gwrw O'Reilleys yn galw!'

Cerddodd Elin i mewn i dafarn O'Reilleys ar fraich Rhys yn gwenu fel giât. A hithau'n nos Sadwrn roedd hi'n brysur, yn enwedig gan fod band lleol poblogaidd yn perfformio yno'n hwyrach y noson honno. Wedi codi eu diodydd a chael y croeso cynnes arferol gan Tony, gwnaethant eu ffordd drwy'r drws cefn i'r ardd lle roedd bron pob bwrdd yn llawn o bobol yn mwynhau eu hunain yn yr haul. Roedd lefel y sŵn yn uchel, ac ambell un yn amlwg wedi bod yn yfed drwy'r pnawn, ond er hynny roedd yr awyrgylch yn hwyliog braf. Roedd Kevin eisoes yno yn disgwyl amdanynt, a doedd Elin ddim yn synnu mai Rory oedd yn eistedd wrth ei ymyl. Gan fod gwydraid o win ar ei hanner o flaen y sedd wag yr ochr arall iddo, eisteddodd Elin gyferbyn â Kevin.

'You did well to keep us a seat, mate,' meddai Rhys, gan eistedd ger y gadair wag. 'Seems everyone wants to make the most of the sun.'

'And so we should. It's rare we get such a long spate of nice weather,' meddai Kevin.

'Yes, we should make the most of it … it won't last,' meddai llais o'r tu ôl i Elin. Adnabu'r llais yn syth a suddodd ei chalon. Sinead. Cerddodd honno heibio iddi a phlygu i roi cusan ar foch Rhys nes bod ei gwallt pinc yn cosi ei foch, a'i bronnau – mewn top tyn, isel – fodfeddi'n unig o'i wyneb. 'How 'ya, Rhys?' gofynnodd.

'Great thanks, yourself?' meddai Rhys.

'I'm grand.' Tarodd Sinead edrychiad sydyn i gyfeiriad Elin. 'Eileen,' meddai.

Cafodd Elin ei themtio i'w galw'n 'Sioned', ond penderfynodd beidio.

'Hello, Sinead,' meddai gyda gwên gyfeillgar. Doedd hi ddim am adael i'r Wyddeles ddifetha ei noson. Gwasgodd Sinead heibio Rhys i eistedd yn y canol rhyngddo fo a Kevin.

'How's your mother?' gofynnodd Elin iddi, yn methu maddau i'r cyfle i godi ei gwrychyn. Roedd y ffaith fod yn gas gan Sinead ei mam, a'r ffaith ei bod hi'n dal i fyw efo hi, yn wybyddus i bawb.

'Sweet,' atebodd Sinead.

Chwarddodd Kevin a Rhys. 'You remember Sinead's mother don't you, Rory?' gofynnodd Kevin. 'She makes mine look like a pussy cat!'

'Yes, I do,' meddai Rory. 'They're both fine examples of Irish Mammys!'

'Sure, they're not all like that, you know, Elin,' meddai Kevin.

'No, they're not,' cytunodd Sinead. 'Roisin was a brilliant mammy.'

Y gnawes, meddyliodd Elin, ond doedd Rhys ddim am gymryd dim o lol Sinead a newidiodd y pwnc yn syth.

'Well, this daddy has been looking forward to this pint all day. Iechyd da!' meddai gan godi ei wydr.

'Yekyd da!' adleisiodd Rory. 'What have I just said?'

'You've just said you're going to buy the next round!' meddai Kevin.

A hithau hanner ffordd drwy ei hail beint o Guinness, roedd Elin wedi dechrau ymlacio, er gwaethaf presenoldeb Sinead, a phan gynigiodd Kevin eu bod yn mynd yn ôl i mewn i'r dafarn i wrando ar y band, cytunodd yn syth. Roedd yr haul wedi suddo tua'r gorwel erbyn hynny ac wedi mynd â'i wres efo fo.

'Before we go in, I've got something to say,' meddai Rhys. Edrychodd Elin mewn syndod arno ac eistedd yn ôl yn ei chadair, heb syniad beth roedd o am ei ddweud. Cliriodd Rhys ei lwnc. 'As you know, Elin and the girls will be moving in to An Teach Ban in three weeks time,' meddai.

'Hooray!' meddai Kevin, gan godi ei beint a gwenu ar Elin.

'And *cead mile failte* to you all!' meddai Rory, gan godi ei beint yntau a rhannu'r wên. Gwenodd Sinead hefyd – gwên ffals os gwelodd Elin un erioed.

'And not too long afterwards, I hope,' datganodd Rhys, 'we'll be getting married!'

'Well!' meddai Kevin. 'Now that is good news!'

'Congratulations!' meddai Rory. '*Go n-eirí an t-ádh libh* – good luck to you both!'

Gwenodd Elin yn swil ac edrych yn llechwraidd ar Sinead.

'Yes, congratulations,' meddai honno, ond doedd ei hwyneb ddim yn ategu ei geiriau.

'This calls for a bottle of something bubbly, I think,' meddai Kevin. 'This next round is on me!'

Gan fod bron pob cwsmer yn y bar yn adnabod ei gilydd, roedd y rheswm am y botel o Champagne wedi dod yn wybyddus i bawb ymhen dim. Daeth amryw draw i'w llongyfarch gan daro Rhys ar ei gefn yn gyfeillgar ac ysgwyd llaw Elin. Cafodd air o groeso i'r pentref gan ambell un hefyd, a rhwng y sylw a'r bybls roedd ei phen wedi dechrau troi. Cododd i fynd i'r toiled gan wasgu ysgwydd Rhys a mentro rhoi cusan ysgafn iddo wrth basio.

Tra oedd hi'n twtio'i gwallt ac yn ail-roi ei lipstig wrth y sinc yn y toiledau, agorodd y drws a gwelodd Elin wyneb Sinead y tu ôl iddi yn y drych. Roedd ei gwên ffals wedi diflannu a'i llygaid yn ddisglair gan effaith alcohol. Cerddodd yn nes at Elin a phwyso dros ei hysgwydd er mwyn edrych ar ei hadlewyrchiad.

'Congratulations on being second best,' meddai. 'You'd better get used to it, because you'll never be as good as Roisin was ... at anything.'

Trodd ar ei sawdl ac allan â hi yn ôl i'r bar gan adael Elin yn gegrwth. Dechreuodd grynu, a gafaelodd yn dynn yn ochr y sinc gan wylio'r dagrau yn rowlio lawr ei bochau yn y drych o'i blaen. Roedd hi'n teimlo fel petai newydd gael dwrn yn ei stumog. Clywodd sŵn drws yn agor y tu ôl iddi a phlygodd ymlaen i guddio'i hwyneb. Agorodd y tap a thaflu dŵr oer dros ei chroen poeth, a phan glywodd ddrws y ciwbicl yn cau rhuthrodd allan o'r toiledau. Wrth frysio i lawr y coridor tywyll tuag at y drws cefn, heb edrych yn iawn lle roedd hi'n mynd, tarodd yn erbyn dyn yn dod o'r cyfeiriad arall. 'Sorry!' mwmialodd.

'Woah, there!' meddai'r dyn. Kevin oedd o. 'Elin! What on earth is the matter?' gofynnodd yn bryderus.

'Nothing. I'm OK,' mynnodd Elin gan drio gwthio heibio iddo, ond safodd Kevin yn ei ffordd.

'Elin?' meddai eto.

Sigodd ei hysgwyddau a dechreuodd gwffio'r dagrau eto. Gafaelodd Kevin yn ei braich a'i harwain allan i'r ardd ac at fwrdd o dan goeden yn y pen pellaf. Roedd y rhan fwyaf o'r yfwyr wedi mynd i mewn erbyn hyn a hithau wedi tywyllu, ac eithrio un criw swnllyd na chymerodd unrhyw sylw ohonynt.

'Now, what happened?' gofynnodd, ac ar ôl i Elin ailadrodd geiriau Sinead edrychodd Kevin arni'n syfrdan. 'I can't believe she said that!' meddai. 'What was she thinking? What a cruel thing to say, and totally untrue.' Cododd ar ei draed a dechrau cerdded i ffwrdd, ond daliodd Elin yn ei fraich.

'Where are you going?' gofynnodd.

'To give her a piece of my mind!'

'No, please, don't say anything,' erfyniodd Elin. 'I won't let her spoil this evening for me, and I don't want Rhys to know.'

Eisteddodd Kevin wrth ei hochr ac ysgwyd ei ben. 'I don't understand why she would say that to you, Elin, it's so untrue – and I should know. Roisin was my sister.'

'I think she's still angry with me for telling you her secret,' meddai Elin.

Ochneidiodd Kevin. 'She's not still on about that, is she?' meddai. 'I'm sorry, Elin, this is my fault.'

'No, it's not, don't be silly. How can it be your fault?'

Nid atebodd Kevin, ac eisteddodd y ddau yn dawel am funud. 'Come on, let's go back inside,' meddai o'r diwedd, gan afael yn llaw Elin i'w chodi ar ei thraed. 'Are you ok?'

'Yes,' cadarnhaodd Elin. 'Let's go!'

Plastrodd wên ar ei hwyneb ac yn ôl i'r bar â hi, gan ymddwyn fel petai dim wedi digwydd. Roedd Rory wrth y bar a Kevin a Sinead yn gwrando ar y band. Amneidiodd Kevin i ddweud ei fod am fynd i helpu Rory i gario'r diodydd, ac eisteddodd Elin wrth ochr Rhys. Trodd yntau i wenu arni a gafael yn ei llaw.

Canodd y band ddwy gân cyn cymryd egwyl. Doedd Kevin a Rory ddim wedi dychwelyd at y bwrdd, a phan drodd Elin i chwilio amdanyn nhw gwelodd y ddau yn gwau eu ffordd drwy'r byrddau yn ôl atynt. Cariai Rory hambwrdd yn llawn gwydrau, ac roedd gan Kevin botel arall o Champagne yn ei law.

Ar ôl i'r ddau ddyn eistedd ochr yn ochr edrychon nhw ar ei gilydd, a gwenodd Rory ar Kevin. Trodd Kevin at y gweddill.

'As it's a night for announcements,' dechreuodd, 'I ... we ... have something to say as well.'

Daliodd Elin ei gwynt, ac edrychodd Rhys a Sinead yn ddisgwylgar ar Kevin.

Gyda'i wyneb yn welw a'r mymryn lleiaf o gryndod yn ei lais, meddai Kevin, 'Rory and I are in a relationship.'

'Wahhh! I knew it! I knew it!' meddai Elin, a dechrau curo'i dwylo.

'What do you mean?' gofynnodd Rhys yn ddiddeall, gan edrych o'r naill i'r llall.

Gollyngodd Rory chwerthiniad bach nerfus cyn gafael yn llaw Kevin.

'Kevin and I are together. We're a couple,' meddai.

Gwenodd Rhys yn ôl arno. 'Don't be daft!' meddai. 'You can't be! Kevin's not ... he's ...' Trodd at Kevin. 'Kevin?'

Nodiodd Kevin arno. 'Wel, myn uffarn i,' meddai Rhys, gan syllu'n gegrwth ar y ddau. Trodd at Elin. 'Oeddat ti'n gwybod am hyn?' holodd.

Ysgydwodd Elin ei phen. 'Nag o'n,' meddai, 'er 'mod i wedi dyfalu.'

Tynnwyd eu sylw gan sŵn cadair yn crafu'r llawr a gwelsant Sinead, oedd wedi ymateb i'r newyddion â thawelwch syfrdan, yn rhuthro allan o'r ystafell.

'I'm very happy for you both!' meddai Elin, gan anwybyddu Sinead. 'That's lovely news.'

'Yes ... umm ... sorry! It's just come as a bit of a shock!' meddai Rhys, gan estyn am y botel Champagne. 'Blydi hel,' mwmialodd o dan ei wynt, cyn datgan yn uchel, 'let's pop another cork then!'

Roedd golwg fel petai mewn sioc ar Kevin hefyd. 'Can I ask you not to tell anyone just yet, though,' meddai. 'I need to tell my mother first.'

'Oh my God!' ebychodd Rhys wrth ddychmygu'r dasg honno. 'Yes, of course.'

'Do you think I should go after Sinead?' gofynnodd Kevin i Elin.

'No, leave her be. I don't think we'll see her again tonight. Now, tell me everything – how long has this been going on?'

Tynnodd Kevin anadl ddofn cyn i'r ddau ddechrau adrodd y stori. 'Rory and I were the best of mates when we were in school,' meddai. 'We used to go everywhere together, and then, when we were seventeen, after sampling some of me Da's home brew in the barn at home, we kissed ...' Plygodd ei ben a dechrau chwarae efo'r mat cwrw oedd ar y bwrdd.

'I'd known I was gay since I was about twelve years old,' meddai Rory. 'To me, kissing Kevin was the most natural thing in the world.'

Cododd Kevin ei ben. 'But I was shocked, confused ... and I'm ashamed to say I reacted badly. I turned my back on Rory. Started chasing the girls, trying to prove to myself that I wasn't ... like that.'

'So I went away,' eglurodd Rory. 'Left Ireland for England. I knew that I'd never be accepted here as a gay man. Sometimes I wish I'd been brave enough to stay, because it wasn't that easy in England either.'

'What made you come back?' gofynnodd Elin.

'When Leo Varadkar came out, and then when he became Taoeseach, I reckoned things had changed,' atebodd. 'And I'd never forgotten that kiss in the barn.' Gwenodd ar Kevin.

'And neither had I,' meddai hwnnw.

'Oh! how romantic!' meddai Elin â dagrau lond ei llygaid.

Roedd Rhys yn dal i edrych yn anghrediniol. 'I'll be honest with you, mate,' meddai wrth Kevin. 'I'm finding it hard to take all this in. I've known you for over twenty years and I never had the slightest inkling ... I mean, you were always chasing the girls!'

'But never catching them, as you've always said,' eglurodd Kevin.

'Well, I wish you all the happiness in the world!' meddai Elin, gan godi ei gwydr iddyn nhw.

'And I wish you all the luck!' meddai Rhys.

Rhoddodd Elin gic i'w droed dan y bwrdd, ond roedd hi'n gwybod yn union beth roedd o'n ei feddwl. Doedd hi ddim yn mynd i fod yn hawdd bod yn gwpwl hoyw mewn pentref bach fel Knockfree, a doedd hi'n sicr ddim yn mynd i fod yn hawdd dweud wrth Betty!

'Mae Yncl Kevin yn *gay*?' gofynnodd Pádraig yn anghrediniol wrth iddyn nhw eistedd o amgylch y bwrdd bwyd dros ginio Sul y diwrnod canlynol.

'Ydi,' meddai Rhys.

'Be? Pwff 'di o?' gofynnodd Dewi. 'Dyna pam nad ydi o wedi priodi?'

'Tydi hwnna ddim yn air derbyniol, Dewi,' ceryddodd Elin. 'Yncl Kevin ydi Yncl Kevin. 'Sdim isio'i alw fo yn ddim byd arall, nag oes.'

'Ia,' ategodd Rhys.

Ochneidiodd Elin. Pa obaith oedd gan Kevin yn Knockfree os oedd ei deulu ei hun yn ymateb fel hyn?

'Dwi'm yn nabod 'run *gay* arall,' meddai Pádraig yn fyfyriol.

'Wyt, ma' siŵr,' meddai Liam. 'A mwy nag un hefyd. Weithiau maen nhw'n cuddio mai dyna ydyn nhw. Mae isio gyts i wneud be mae Kevin wedi'i wneud.'

Diolchodd Elin am Liam – yr un rhesymol, oedd wastad yn taflu dŵr ar wreichion unrhyw ffrae.

'Ella y gwneith o briodi. Mi geith dynion briodi ei gilydd rŵan,' datganodd Dewi.

'Ddim yn yr eglwys!' meddai Pádraig yn wybodus.

'Fydd yn rhaid iddo fo stopio mynd i'r eglwys?' gofynnodd Dewi i'w dad.

'Dwn i'm. Dwi'm yn dallt y petha 'ma,' cyfaddefodd Rhys. 'Doedd o ddim ond yn mynd unwaith yn y pedwar amser, beth bynnag. Fydd peidio â mynd yn fawr o golled iddo fo.'

'Pwy sy isio pwdin?' gofynnodd Elin, gan osod powlenaid fawr o grymbl afal ar ganol y bwrdd. Gwyddai y byddai hynny'n siŵr o newid y pwnc.

Wedi i'r hogiau orffen eu pwdin, diflannodd y tri gyda rhyw esgus neu'i gilydd i osgoi clirio'r llestri gan adael Elin a Rhys eu hunain i wneud y gwaith. Wrth wylio Rhys yn golchi'r llestri, sylwodd Elin ei fod yn cnoi cornel ei fwstásh a gwyddai'n syth fod rhywbeth ar ei feddwl.

'Be sy'n dy boeni di?'

'Dim byd.'

Edrychodd arno. 'Dwi'n dy nabod di'n rhy dda, Rhys Griffiths. Rŵan deuda – be sy?'

'Ydi o'n rhedag yn y teulu?' gofynnodd.

'Be?'

'Bod yn hoyw.'

''Swn i'm yn meddwl. Pam?'

Oedodd Rhys am eiliad. 'Ti'n meddwl bod Liam yn hoyw?'

Doedd Elin ddim wedi disgwyl y cwestiwn hwn. 'Wn i ddim ... tydi o ddim wedi deud dim byd i wneud i mi feddwl hynny.'

'Wel, mae o bron yn ugain oed, yn tydi, a 'rioed 'di cael cariad.'

'Tydi hynny'n golygu dim, nac'di. Mae o'n hogyn reit swil, cofia.'

'Ella basa'n well i mi ei gadw fo a Kevin ar wahân am chydig,' meddai Rhys yn feddylgar.

Stopiodd Elin sychu'r llestri ac edrych yn syn arno. 'Be?' Allai hi ddim credu'r hyn roedd hi'n ei glywed. 'Dwyt ti erioed yn meddwl y basa Kevin yn ddylanwad drwg arno fo?'

'Wel ... wyddost ti ddim ...'

Torrodd Elin ar ei draws. 'Rhys!' ebychodd. 'Fedra i ddim credu dy fod ti'n siarad mor hurt!'

Trodd Rhys i'w hwynebu. 'Sut fasat ti'n teimlo 'tasa un o'r genod yn deud wrthat ti ei bod hi'n hoyw?' gofynnodd yn heriol.

'Fasa dim ots yn y byd gen i, cyn belled â'i bod hi'n hapus! 'Swn i'n poeni mwy amdani 'tasa hi'n figan!'

'Pwy sy'n siarad yn hurt rŵan, 'ta!' meddai Rhys yn gyhuddgar. 'Eu hapusrwydd nhw sy'n fy mhoeni i hefyd, 'sti, a fedra i ddim peidio â meddwl am yr hyn sydd gan Kevin o'i flaen rŵan. Mi fydd Betty yn amhosib!'

'Bydd, ma' siŵr,' cytunodd Elin. 'Ac oes, mae ganddo fo gyfnod anodd o'i flaen, ond mi ddaw o drwyddi, efo Rory wrth ei ochr a heb orfod byw celwydd byth eto.'

'Wel, dwi'n gobeithio wir dy fod ti'n iawn,' meddai Rhys, gan droi'n ôl at y llestri.

A finna hefyd, meddyliodd Elin. Crwydrodd ei meddwl at Beca. 'Tra 'dan ni'n sôn am *sex lives* ein plant, ti'n meddwl bod Beca a Declan yn ... ti'n gwybod.'

Trodd Rhys i edrych arni. 'Rargian, wn i ddim,' meddai. 'Dwi ddim 'di meddwl am y peth. 'Wyt *ti*'n meddwl eu bod nhw?'

'Dwn i'm.'

'Ydi o'n dy boeni di?'

'Wel, ydi. Hynny ydi, os ydyn nhw, dwi isio iddyn nhw fod yn ofalus. Ond mae o'n Gatholig, tydi, a tydyn nhw ddim yn credu mewn atal cenhedlu.'

'Wyt ti 'di siarad efo hi am y peth?'

Tynnodd Elin ystumiau. 'Naddo wir! Wyt ti 'di siarad am ryw efo'r hogia?'

'Naddo. Dwi erioed wedi cael achos i wneud, gan na fu erioed sôn am genod ganddyn nhw. Ond 'swn i ddim yn poeni gormod am y peth taswn i'n chdi. Roedd Roisin ar y bilsen pan wnes i ei chyfarfod hi, er ei bod hi'n Gatholig. Dwi'm yn meddwl bod pobol ifanc y dyddia yma'n cadw'n rhy gaeth at reolau'r eglwys.'

'O, da iawn. Dwi ddim yn barod i fod yn nain!' chwarddodd Elin.

Pennod 16

Cododd Elin yn gynnar y bore canlynol: roedd ganddi ddiwrnod prysur o stripio papur wal o'i blaen, a hi oedd y cyntaf i godi. Pan gyrhaeddodd y gegin synnodd o weld Kevin yn eistedd wrth y bwrdd, er ei bod yn gwybod bod ganddo oriad i'r drws cefn rhag ofn y byddai angen iddo fynd a dod pan nad oedd Rhys o gwmpas. Neidiodd ar ei draed pan welodd hi.

'Kevin!' meddai. 'You're up early!' Roedd golwg bryderus arno, a chysgodion duon o dan ei lygaid.

'Yes, I didn't sleep much.'

Estynnodd Elin am y tegell a'i lenwi cyn croesi at yr Aga. 'I take it you've told your mother?'

Ochneidiodd Kevin wrth eistedd yn ôl i lawr. 'Yes.'

'I'll make you a cup of tea. You look as if you need one.'

'That would be great, thanks.'

'How did she take it?' Gwyddai Elin wrth ei ofyn ei fod yn gwestiwn gwirion.

'As badly as I expected,' atebodd. 'She cried all day yesterday. Wouldn't go to church, wouldn't eat, said her life was over ...' Tagodd dros ei eiriau nesaf. 'Said I've ruined her life.' Dechreuodd Flynn, oedd yn eistedd wrth draed Kevin, lyfu ei law wrth synhwyro'i ofid.

'Oh, dear,' meddai Elin.

'I know it's difficult for her and I hate to see her like this.' Plygodd Kevin ei ben. 'Oh God, what have I done?'

Eisteddodd Elin wrth ei ochr a rhoi ei llaw ar ei fraich. 'You did what you had to do. I'm sure your mother will come round in the end.'

Edrychodd Kevin yn amheus arni. 'Then you don't know her very well!' meddai.

'Would you like me to have a word with her?' gofynnodd Elin, yn teimlo y dylai gynnig ac yn gobeithio y byddai o'n gwrthod – wedi'r cyfan, doedd hi ddim yn un o hoff bobl Betty.

'Would you? It would be grand if you could,' meddai Kevin yn ddiolchgar.

Gwenodd Elin yn wan arno. 'Of course. I'll go to see her later on this morning.'

Curodd Elin ddrws ffrynt y byngalo am y trydydd tro – yn uwch y tro hwn – ond doedd dim symudiad yn y tŷ. Cerddodd rownd i'r drws cefn a churo hwnnw, ond yn ofer. Trodd y ddolen a rhoi hwyth fach i'r drws, ac i'w syndod, agorodd. Llyncodd ei phoer cyn rhoi ei phen drwy'r drws.

'Betty? Betty? It's me, Elin.'

'Go away!' meddai llais o'r tu mewn. Byddai Elin wedi hoffi ufuddhau'n syth, ond er mwyn Kevin camodd i'r tŷ.

'Please, Betty, we're worried about you.'

'I don't need your concern. Go away!' gorchmynnodd eto.

Dilynodd Elin y llais i'r ystafell fyw daclus. Roedd Betty'n eistedd mewn cadair freichiau mewn gŵn wisgo binc flodeuog, yn byseddu gleiniau pader. Doedd dim arwydd ei bod wedi cribo'i gwallt hyd yn oed, gan ei fod fel nyth ar ei phen. Ar y wal o'i blaen roedd Iesu Grist yn edrych i lawr arni o lun enwog 'The Sacred Heart'.

'Betty ...' dechreuodd Elin yn nerfus.

Ni ddaeth ymateb, a mentrodd Elin yn nes ati gan eistedd ar erchwyn y soffa.

'Are you OK?' gofynnodd, gan na allai feddwl am ddim arall i'w ddweud. Eto, ni ddaeth ymateb. Gwyliodd yr hen wreigan yn troelli'r mwclis rownd a rownd ei bysedd. Roedd ei gwefusau'n symud ond ni ddeuai sŵn o'i cheg. Ymhen hir a hwyr rhoddodd y gorau i'r troelli.

'I've lost my husband, my daughter and now my son. God must be very, very angry with me, and I don't know why.' Roedd dryswch lond ei llais.

'You haven't lost your son,' rhesymodd Elin. 'Kevin loves you very much.'

'Then why would he do this to me?' gofynnodd yn flin, gan droi i wynebu Elin am y tro cyntaf.

'He hasn't done anything to you, he's just being himself,' eglurodd Elin yn bwyllog gan geisio dewis ei geiriau yn ofalus.

'But it's disgusting what he's doing! It's morally wrong. It's a wicked, disgusting sin.' Poerodd y geiriau allan, ei hwyneb yn cochi fwyfwy â phob gair.

Ochneidiodd Elin. Beth allai hi ddweud yn wyneb oes o ffydd oedd wedi gwreiddio'n ddwfn ym mêr esgyrn Betty?

'My life is over. How can I ever face anyone in the village again? How can I ever go to church again? The shame of it! I wish he'd died!'

Syllodd Elin yn anghrediniol arni. 'That is a terrible, terrible thing to say! How can you say that about your own son?' Pwyntiodd at lun arall oedd ar wal yr ystafell gan ddarllen y geiriau arno: 'God is love.' Roedd geiriau hunanol Betty wedi gwylltio cymaint arni fel nad oedd hi'n poeni mwyach am ddewis ei geiriau'n ofalus. 'That's an integral part of your belief, isn't it? Then where's your love for your son? Can't you see how hard his life has been? He didn't choose his sexuality, he was made this way – by your god!'

Cododd Betty ar ei thraed a gweiddi yn wyneb Elin. 'Get out of my house! Get out of my house now!'

'With pleasure!' gwaeddodd Elin yn ôl arni, gan ruthro allan o'r tŷ yn crynu fel deilen.

Pan gyrhaeddodd An Teach Ban roedd Kevin ar fin cerdded i mewn i'r tŷ i gael cinio. Edrychodd yn eiddgar arni.

'I'm sorry, Kevin. I think I've just made things worse!'

'Don't worry,' meddai Kevin. 'Thanks for trying. Rory and I had been planning for me to move in with him in a few weeks' time, once my mother had got used to the idea, but I think I'd better go straight away. Seeing me is just upsetting her.'

'And it's upsetting for you too!' meddai Elin, gan ryfeddu pa mor wahanol oedd Kevin i'w fam.

Er gwaethaf ei geiriau ffiaidd, penderfynodd Elin ddal ati efo Betty – roedd hi'n nain i'r bechgyn wedi'r cyfan – ac ar y prynhawn Mawrth gyrrodd yr efeilliaid i lawr i'w byngalo efo caserol cyw iâr a tharten afal iddi. Ymhen chwarter awr roedd y ddau yn eu holau, efo'r bwyd.

'Tydi Granny ddim isio nhw,' eglurodd Dewi.

Clywodd Elin lais Rhys yn sibrwd 'y gnawas anniolchgar' dan ei wynt, a thaflodd olwg fygythiol ato.

'Gawn ni'r darten felly?' gofynnodd Pádraig.

'Cewch,' meddai Elin.

'Yes!' meddai'r ddau efo'i gilydd. Gosododd Pádraig y darten ar y bwrdd ac aeth Dewi i nôl llwyau.

'Ar ôl swper!' mynnodd Elin. 'Mi fydd o'n barod mewn deng munud.'

Gosododd Dewi y llwyau ar y bwrdd. 'Doedd Granny ddim yn edrych yn dda iawn,' meddai.

'Na,' cytunodd Pádraig. 'Roedd hi'n dal yn ei dressing gown.'

'Ac roedd 'na ogla *stinky* yn y tŷ,' ychwanegodd Dewi.

Edrychodd Elin a Rhys ar ei gilydd.

'Ddylen ni alw ar Father Macnamara i fynd i'w gweld hi, tybed?' gofynnodd Rhys.

Roedd yr edrychiad amheus a gafodd gan Elin yn awgrymu mai gwneud pethau'n waeth fyddai hynny. 'Er, dwi'm yn meddwl y basa 'na bwynt chwaith,' parhaodd Rhys. 'Roedd Kevin yn deud ei fod o wedi bod yno ddoe, ond bod Betty wedi gwrthod agor y drws iddo fo.'

'Sgynni hi ddim ffrind fysa'n gallu dod ati?' gofynnodd Elin.

'Mae ganddi ormod o gywilydd i'w gweld nhw,' atebodd Rhys. 'A beryg y basan nhw i gyd o'r un farn â hi, beth bynnag!'

'Mae 'na un person mae Granny yn rili licio,' meddai Pádraig, oedd wedi bod yn gwrando ar bob gair. 'Taid!'

'Taid!' ailadroddodd Elin. Wrth gwrs, meddyliodd, gan gofio bod ei thad a Betty wedi bod yn llawiau garw yn ystod yr haf.

'Ma' Granny yn meddwl bod Taid yn ddoniol,' meddai Dewi gyda gwên.

'A does ganddo fo 'mo'i ofn hi!' meddai Pádraig.

'Ella bod ganddoch chi bwynt,' cytunodd Elin. 'Dwi'n siŵr y basa fo wrth ei fodd yn dod draw yma am chydig ddyddiau ... ac mi fasa fo'n medru fy helpu fi i beintio tra bydd o yma. Geith o gysgu yn llofft y genod.'

'Fasan ni ddim gwaeth â thrio,' cytunodd Rhys. 'Mi bryna i docyn fferi iddo fo.' Gwenodd Elin ar ei chariad.

'Ddaw o â Taffi efo fo?' gofynnodd Dewi.

'O na! Geith Taffi fynd at y genod,' meddai Elin. Roedd un ci ar y tro yn ddigon.

Ar ôl swper, ffoniodd Elin y genod i wneud yn siŵr fod popeth yn iawn yng Ngodre'r Foel, ac i ofyn i Elfed a fyddai'n fodlon i Taffi fynd yno petai Alun yn dod draw i Iwerddon. Ar ôl cael ateb positif i'r ddau gwestiwn, ffoniodd Alun. Fel y tybiodd, roedd o'n falch iawn o'r cyfle i ddod draw, hyd yn oed o ystyried y dasg anodd oedd o'i flaen efo Betty. Trefnodd Elin i'w gyfarfod yn y porthladd pan fyddai'r fferi'n docio am chwarter wedi hanner dydd drannoeth.

Fel roedd hi'n croesi'r iard at ei char i gychwyn ar y daith i Ddulyn y diwrnod canlynol, daeth car dieithr i stop o flaen y tŷ. Gwesteion y byncws yn cyrraedd yn gynnar, meddyliodd Elin, a cherddodd tuag at y modur er mwyn gofyn iddyn nhw ddod yn ôl am dri, yr amser swyddogol i westeion gyrraedd. Stopiodd yn stond pan ddaeth Sinead allan ohono yn cario tusw mawr o flodau mor amryliw â'i gwisg.

'Sinead!' meddai Elin yn syn. Hi oedd y person ola roedd hi'n disgwyl ei gweld.

Cerddodd y ferch tuag ati. 'You can send me away if you want, and I wouldn't blame you, but I had to come.' Wnaeth Elin ddim ymateb. 'I've been a right auld bitch. I behaved like my mother and I've nothing but shame for myself. Tried saying a few Hail Marys but that didn't work, so I've come to tell you face to face how sorry I am for the way I've treated you.'

Brathodd Elin ei thafod i'w hatal ei hun rhag dweud bod

popeth yn iawn, gan fod Sinead wedi ei brifo i'r byw. Ddeuai maddeuant ddim mor hawdd â hynny.

'I got a hell of a shock when Kevin made that announcement,' cyfaddefodd Sinead. 'But then things started to make sense, and I realised why you had to tell him my secret. It was because you probably knew his, so you did it for my sake ... despite me being not so nice to you.' Arhosodd Elin yn dawel, ac aeth Sinead yn ei blaen. 'Truth is, I was jealous of you, Elin, of the lovely relationship you have with Rhys and how happy you all are here,' meddai gan amneidio at y tŷ. 'So there it is.'

'Are you trying to say sorry?' gofynnodd Elin.

'Yes. I'm sorry, Elin,' meddai gan gynnig y blodau iddi.

Oedodd Elin eiliad cyn cymryd y blodau. 'I accept your apology,' meddai o'r diwedd, 'and now, if you'll excuse me, I've got to pick my father up from the ferry.' Trodd yn ôl i gyfeiriad ei char, ond ar ôl ychydig gamau trodd yn ôl at Sinead. 'See you in O'Reilleys on Saturday?'

Gwenodd Sinead arni. 'Yes,' meddai. 'Yes.'

Dim ond pan oedd Elin yn y car y caniataodd iddi hi ei hun wenu.

Edrychodd Elin ar y llu o bobol yn troedio drwy derminws y fferi gan geisio dyfalu pwy oedd y twristiaid a phwy oedd y brodorion. Dyfalodd mai Gwyddelod oedd y teulu oedd â thri plentyn pengoch, dim ond i'w clywed yn siarad Cymraeg wrth fynd heibio iddi. Craffodd drwy'r dyrfa i geisio gweld siâp cyfarwydd ac osgo sionc ei thad, ond wrth i'r dorf edwino a'r llif droi'n ddiferion doedd dim sôn amdano. Dechreuodd boeni. Oedd o wedi colli'r fferi? Tynnodd ei ffôn o'i bag llaw rhag ofn ei bod wedi methu galwad ganddo. Nag oedd. Pwysodd y botwm i'w ffonio ond doedd dim ateb. Efallai ei fod o wedi anghofio'i ffôn, rhesymodd, neu bod y batri'n fflat, neu ei fod o wedi troi'r teclyn i ffwrdd – gwnâi bob un o'r pethau hynny'n rheolaidd. Oedd hi wedi ei fethu o yn y dorf? Os felly, lle roedd o rŵan? Cerddodd at y ddesg ymholiadau er mwyn gwirio bod ei thad ar y llong, ond châi'r staff ddim datgelu gwybodaeth am eu teithwyr. Ochneidiodd Elin. Beth wnâi hi rŵan? Doedd y fferi nesaf ddim yn cyrraedd am oriau.

'Excuse me,' meddai llais o'r tu ôl iddi. Trodd i weld y ferch oedd yn y dderbynfa. 'I made a couple of calls,' meddai. 'And I'm afraid an elderly gentleman was taken ill on the ferry. An ambulance has just taken him to hospital.'

Teimlodd Elin yn gwaed yn llifo o'i hwyneb a'i choesau'n simsanu oddi tani.

'Are you OK?' gofynnodd y ferch, gan roi ei llaw ar fraich Elin.

'Umm, yes, thank you. To which hospital would they have taken him?' gofynnodd mewn llais crynedig.

'I should think it would be St Vincent's,' atebodd y ferch.

Yr ysbyty lle bu Beca y llynedd pan dorrodd bont ei hysgwydd, cofiodd Elin. 'Thank you,' meddai, gan ruthro o'r terminws.

'I hope he's ok,' galwodd y ferch ar ei hôl.

Rhedodd Elin i'r maes parcio. Lle oedd y car? Ceisiodd feddwl a oedd Alun wedi dangos unrhyw arwyddion o salwch cyn iddi ei adael, a chofiodd sut yr oedd i'w weld yn blino mwy yn ddiweddar ... lle oedd y blydi car? Allai hi yn ei byw â chofio lle roedd hi wedi'i barcio. Dechreuodd deimlo'n benysgafn ac roedd anadlu'n anodd. Tynnodd un anadl hir a dwfn i sadio'i hun.

'Ty'd 'laen rŵan, Elin,' meddai'n uchel. 'Paid â mynd i banic. Mi fydd o'n iawn. Mi fydd o'n iawn.'

Gwelodd y car a rhedodd tuag ato, ei dwylo crynedig yn ymbalfalu am ei goriadau. Eisteddodd y tu ôl i'r llyw a sylweddoli nad oedd ganddi syniad sut i gyrraedd yr ysbyty. Cwffiodd yr awydd i grio ac estyn am y Sat Nav er mwyn teipio enw'r ysbyty iddo. Roedd hi chwarter awr i ffwrdd. Wrth yrru allan o'r terminws rhedai pob math o ddelweddau rownd yn ei phen, ac roedd pob un yn ei dychryn. Ni allai ddychmygu bywyd heb bresenoldeb annwyl, doniol ei thad.

Diolchodd am y teclyn cyfeirio wrth iddo ei harwain yn ddidrafferth i faes parcio'r ysbyty. Parciodd y car a rhedeg i dderbynfa'r adran ddamweiniau, gan anwybyddu'r angen am docyn parcio.

'Please, can you help me,' ymbiliodd wrth y dyn y tu ôl i'r ddesg. 'I'm looking for my father – he was taken ill on the ferry and has just been brought in by ambulance.'

Trodd y dyn at ei gyfrifiadur. 'What's his name?' gofynnodd.

'Alun. Alun Hughes.'

Gwibiodd bysedd y dyn dros fysellfwrdd ei gyfrifiadur. 'I'm sorry,' meddai. 'I can't see a record of that name. Maybe he hasn't been signed in yet. If you'd just like to take a seat, I'll make some enquiries.'

'Thank you,' meddai Elin. Roedd hi'n cerdded tuag at y gadair agosaf pan stopiodd yn stond wrth glywed llais cyfarwydd.

'Elin! Elin!' Trodd ei phen a gweld ei thad yn cerdded yn sionc tuag ati. 'Be ti'n da yma?' gofynnodd iddi'n syn. 'Chwilio am ffôn i drio cael gafael arnat ti o'n i rŵan.'

'Dad!' sibrydodd Elin yn floesg, a gafael yn dynn amdano.

'Ewadd annw'l! Be sy?'

Dechreuodd Elin feichio crio. 'Ro'n i'n meddwl bod 'na rwbath ofnadwy wedi digwydd i chi! Mi ddeudodd dynes y fferi eich bod chi wedi cael eich taro'n wael.'

'Fi? Naddo – dwi'n tshampion. Rhyw hen greadur oedd yn ista wrth f'ymyl i gafodd ei daro'n wael – Gwyddel o Galway, yn teithio ar ei ben ei hun i weld ei deulu. Maen nhw'n meddwl 'i fod o wedi cael trawiad ar y galon. Es i efo fo yn yr ambiwlans ... fedrwn i ddim meddwl amdano fo'n gorfod mynd ar ben ei hun, bechod.'

'O, Dad bach, be wna i efo chdi d'wch!' meddai Elin, a'r rhyddhad yn llifo drwyddi. 'Pam na fasach chi wedi fy ffonio fi i ddeud?'

'W'sti be? Dwi 'di anghofio fy ffôn, achan,' meddai. 'A tydi dy rif di ddim gen i, achos mae o yn y ffôn, tydi! Mi o'n i am drio ffendio rhif tŷ Rhys rŵan.'

'Dowch. Well i mi ddeud wrth y dderbynfa 'mod i wedi'ch ffendio chi, wedyn mi awn ni adra ar ein pennau. Dwi angen paned o de cry!'

Yn An Teach Ban, ar ôl i Elin ddangos ei holl waith addurno i'w thad, eisteddodd y ddau ar y fainc o flaen y tŷ.

'Mae ganddoch chi le bendigedig yma,' meddai Alun. 'Tŷ mawr cyfforddus ... a hyn,' ychwanegodd gan bwyntio at yr olygfa drawiadol o'u blaenau. 'Pwy fasa'n meddwl y gallet ti weld cymaint o amrywiaeth yn y lliw gwyrdd? Yr Emerald Isle go iawn, yntê.'

'Lliw sy'n llonyddu'r enaid,' ategodd Elin.

'Yr un peth sydd wedi 'nghadw i yn Rhosyreithin ydi'r olygfa,' meddai Alun. 'Ond w'sti be? Dwi'n meddwl bod hon yn ei churo!'

Eisteddodd y ddau mewn tawelwch myfyriol. Roedd digwyddiadau'r bore wedi rhoi ysgytwad i Elin, ac wedi gwneud iddi sylweddoli am y tro cyntaf y byddai'n rhaid iddi dderbyn na fyddai ei thad yn byw am byth. Trodd ato.

'Fasach chi'n dod yma i fyw, Dad?' mentrodd holi.

Edrychodd Alun arni. 'Be? I Iwerddon, 'lly?'

'I fama, aton ni.' Gwyddai y byddai Rhys yn cymeradwyo'r syniad. Roedd o'n meddwl y byd o Alun, a byddai croeso mawr iddo gan bawb arall hefyd.

'Ewadd – mae o'n dŷ mawr, ond dim mor fawr â hynny!' atebodd gyda gwên.

'Mi fasan ni'n ffendio lle i chi.'

Gafaelodd Alun yn llaw ei ferch. 'Wel, dyna gynnig! Ac mae o'n golygu lot i mi, ond mi fasa Megan ar goll hebdda i 'sti.'

Edrychodd Elin i ffwrdd yn siomedig gan wybod na fyddai Megan yn gadael Cymru am bris yn y byd. Roedd Rhys wedi ceisio'i pherswadio i fudo ato fo droeon.

'Ydach chi a Megan yn fwy na ffrindiau?' holodd.

Chwarddodd Alun. 'Nac'dan! 'Dan ni'n rhy hen i hynny! Ond mi ydan ni'n ffrindiau da ac wedi dod i ddibynnu ar ein gilydd rywsut ... rydan ni wedi mynd yn rhy hen i godi'n gwreiddiau. Beryg eu bod nhw wedi mynd yn rhy ddwfn erbyn hyn.'

'Ond mi ddowch chi draw yn aml, dowch?'

'O, dof tad. Ac mi ddoi ditha'n ôl i Gymru fach rŵan ac yn y man?'

'Siŵr iawn! Ac os bydd 'na unrhyw lol efo Elfed, atoch chi y daw'r genod i gysgu pan fyddan nhw'n mynd i'w weld o ... os ydi hynny'n iawn ganddoch chi.'

'Mi wyddost nad oes raid i ti ofyn!' Gwasgodd Alun ei llaw yn sydyn cyn sefyll ar ei draed. 'Reit,' meddai. 'Wyddost ti'r bloda neis 'na oedd gen ti gynna?'

'Y bloda ges i gan Sinead?'

'Ti'n meddwl y byswn i'n cael dwyn rhai ohonyn nhw? Dwi am fynd i weld Betty.'

'Mi a' i i'w nôl nhw i chi rŵan.' Cododd Elin oddi ar y fainc gan feddwl y byddai angen mwy na blodau i newid meddwl Betty.

Roedd Alun yn ei ôl mewn cwta chwarter awr, y blodau'n dal yn ei ddwylo. Edrychodd Elin yn bryderus arno.

'Wnaeth hi ddim agor y drws i chi?' gofynnodd.

'Naddo, ond ymhen hir a hwyr mi siaradodd hi efo fi drwy'r *letterbox*, ac mae hi 'di gaddo y gwneith hi agor y drws os a' i'n ôl yno ymhen rhyw awran.'

Gollyngodd Elin ochenaid o ryddhad. Roedd hyn yn argoeli'n dda – debyg mai eisiau ymolchi a thwtio oedd Betty cyn i Alun ei gweld.

Ymhen yr awr roedd y blodau'n ôl yn nwylo Alun ac roedd o wedi dechrau cerdded i lawr at y byngalo pan waeddodd Elin ar ei ôl.

'Dad! Ewch â'r rhain efo chi,' galwodd Elin ar ei ôl, 'i drio'i chael hi i fwyta rwbath. Tydi hi ddim wedi bwyta'n iawn ers dyddiau.' Roedd ganddi ddarn o quiche ffres yn gynnes o'r popty yn un llaw a thorth frith yn y llall. Ceisiodd Alun eu cymryd oddi arni a sylwi'n ddigon sydyn na allai gario'r cwbwl.

'Pica di i lawr efo fi 'ta,' mynnodd Alun.

Roedd Elin wedi gobeithio na fyddai'n gorfod wynebu Betty, ond cytunodd serch hynny.

'It's open!' galwodd Betty mewn ymateb i gnoc gadarn Alun ar y drws cefn.

Dychrynodd Elin o weld yr hen waig. Er mai dim ond y bore cynt y gwelodd hi, roedd Betty fel petai wedi heneiddio dros nos. Eisteddai yn ei chwman yn ei chadair wrth fwrdd y gegin, fel petai pwysau'r byd ar ei hysgwyddau. Roedd ei gwallt yn wlyb ac wedi ei gribo'n ôl yn frysiog. Yng nghanol ei hwyneb gwelw, rhychiog roedd ei gwefusau main wedi'u peintio'n goch, ac allai Elin ddim peidio â meddwl ei bod hi'n edrych braidd yn wallgof.

Wnaeth Alun ddim cymryd arno ei fod wedi sylwi ar yr olwg oedd arni. 'Betty! How lovely to see you again,' meddai'n hwyliog. 'Look, I've brought you these!' meddai, gan gynnig y blodau iddi.

Edrychodd Betty heibio'r blodau ar Elin, oedd yn hanner cuddio tu ôl i'w thad, ei hoffrwm yn ei dwylo.

'You've brought Elin,' datganodd yn fflat.

'Yes, and she's brought you some food,' meddai Alun.

Derbyniodd Betty y blodau. 'Thank you,' meddai, 'they're very nice. Elin can put them in some water for me.'

Rhoddodd Elin y bwyd ar y bwrdd a chymryd y blodau oddi arni, yn falch o gael rhywbeth i'w wneud yn hytrach na'i bod yn sefyll fel lemon yn cwffio'r awydd i redeg i ffwrdd.

'You'll find a vase under the sink,' meddai Betty.

Eisteddodd Alun wth ymyl Betty. 'And how are you, Betty?' gofynnodd, ei lais yn sionc a hwyliog.

Sniffiodd Betty ac edrych i lawr ar ei dwylo. 'You will have heard my news,' meddai'n grynedig.

'Yes,' meddai Alun. 'And what excellent news it is. You must be very happy.'

Rhewodd Elin yn ei hunfan gan adael i'r dŵr orlifo dros y fas flodau. Be goblyn oedd o'n wneud?

'Happy? Happy? I was talking about Kevin's news.'

'And so was I,' meddai Alun. 'Have you not been wanting him to settle down for years?'

'Not with a man!' datganodd Betty yn bendant.

'And what difference does it make, as long as he's happy?' gofynnodd Alun.

Gosododd Elin y blodau yn y fas a throi'n slei i wylio ymateb Betty. Eisteddodd hithau'n syth yn ei chadair.

'Are you mad? Of course it makes a difference! It's a sin!'

'Is it? Who says so?' gofynnodd Alun.

'Well, the Bible, of course!'

'Betty bach, the Bible says a lot of things, things that contradict each other. Not everything *can* be true.'

Daliodd Elin ei gwynt.

'What about the story of David and Jonathan?' gofynnodd Alun.

'Who?'

'In the book of Samuel – theirs is a powerful love story. And what about Ruth and Naomi? Was their love not a true love?'

Eisteddodd Betty yn ôl yn ei chadair, y gwynt wedi'i ddwyn o'i hwyliau'n llwyr.

'Now, how about you eat some of the lovely quiche Elin has brought you,' meddai Alun, gan amneidio ar Elin i nôl y bwyd. 'And let me tell you what this long life of mine has taught me.'

Nid atebodd Betty, dim ond eistedd yn ei chadair yn syfrdan.

'I don't believe that anything that's done with love is bad,' meddai Alun. 'And anyone who is a kind, decent human being, like your Kevin, deserves love ... and if they're lucky enough to find true love – and believe me, not everyone is that lucky – then wherever they find that love they must embrace it gratefully.'

Rhoddodd Elin y quiche o flaen Betty a gosod cyllell a fforc wrth ei ochr.

'I know that the Bible says we must love one another,' ymhelaethodd Alun, 'but that's a very big ask, and love doesn't always come that easy. But we can be kind, we can all be kind, especially to our own when they're going through challenging times.'

Teimlai Elin lwmp yn codi yn ei gwddw wrth iddi sylwi bod dagrau'n llithro i lawr bochau'r hen wraig.

Estynnodd Alun am law Betty a'i gwasgu. 'Now, eat up,' meddai'n garedig. 'We've got a lot of catching up to do.'

Gwasgodd Elin ysgwydd ei thad cyn gadael y tŷ'n ddistaw, yn falch o gael galw'r dyn arbennig hwn yn dad iddi.

Pennod 17

Eisteddai Elin ar y fainc o flaen y tŷ yn mwynhau pum munud o heddwch wedi diwrnod prysur ac yn myfyrio ar ddigwyddiadau'r misoedd blaenorol. A hithau'n ddeg wythnos ers iddi hi a'r genod symud i Iwerddon, roedd hi ar fin newid gêr yn ei pherthynas â Rhys. Roedd y pyliau o hiraeth a deimlai tuag at ei thad a'i gwlad yn dod yn llai aml erbyn hyn, a'r genod wedi setlo'n rhyfeddol o dda i drefn eu bywyd newydd. Doedd pethau ddim wedi bod yn fêl i gyd, chwaith. Ar benwythnos y mudo mawr, a Rhys newydd adael Rhosyreithin mewn fan yn llawn o'u heiddo i'w cludo dros y môr i'w cartref newydd, roedd Elfed wedi galw yn nhŷ Alun i ffarwelio â'r genod a chyhoeddi ei fod mewn perthynas ag Alwen, mam Seren. Doedd y newyddion ddim yn sioc i Elin, wrth gwrs, nac i Beca a oedd, gyda'i threiddgarwch arferol, wedi amau, ond roedd yn sioc fawr i Moli. Roedd Elin yn flin efo fo am ddewis yr eiliad honno i wneud ei gyhoeddiad, a Moli'n flin gan fod Seren eisoes yn gwybod ac wedi cadw'r gyfrinach rhagddi, ond buan y daeth Moli i dderbyn y berthynas gan deimlo'n falch nad oedd ei thad yn mynd i fod ar ei ben ei hun.

Gallai Elin ogleuo'r gwyddfid melys, hyfryd, yn drwm yn yr aer.
    Caeodd ei llygaid a pwyso'i phen yn ôl yn erbyn wal garreg y tŷ.
    'How sweetly smells the honeysuckle in the hushed night ...' meddai llais o'r tu ôl iddi. Agorodd ei llygaid a gweld Rory'n dod rownd ochr y tŷ tuag ati. 'Sorry to disturb you,' ymddiheurodd.
    'It's OK,' gwenodd Elin. Eisteddodd i fyny. 'How did it go?' gofynnodd yn eiddgar.

Roedd Rory wedi bod efo Kevin yn gweld Betty. Er bod Kevin wedi bod yn galw i weld ei fam yn rheolaidd, heddiw oedd y tro cyntaf iddi ganiatáu iddo ddod â Rory efo fo.

'Not as bad as I thought. In fact, it was much better than I expected. It was a great help that your father was there, of course.'

Gwenodd Elin. 'Ah yes! My father has a way about him,' meddai. Ar y gair, clywodd chwerthiniad uchel Alun wrth iddo ddod allan o'r tŷ yng nghwmni Kevin, Liam a Rhys.

'Are we off then?' gofynnodd Kevin. Nodiodd Rory. 'Then let's give this stag a bit of a do!'

Gwenodd Rhys yn wan ar Elin. 'Sori, Elin, maen nhw wedi mynnu 'mod i'n mynd lawr i'r pentre am beint. Ti'm yn meindio, nag wyt?'

'Twt lol, nac'di siŵr,' atebodd Alun drosti. 'Mae hi'n gwbod yr edrycha i ar dy ôl di!'

'Pwy sy'n mynd i edrych ar eich ôl chi? Dyna sy'n fy mhoeni i!' chwarddodd Elin. 'Mwynhewch, a bihafiwch!' Anwybyddodd Alun hi ac ailgydio'n awchus yn y stori roedd o wedi dechrau ei hadrodd wrth Kevin.

'And another time, I'd taken a coach load to Connemara for the weekend, and was fast asleep in my hotel bed when the manager knocked on the door. The Gardai had called him to say that they'd found three of my lady passengers wandering around a farmer's potato field looking for the hotel. Pissed as farts they were!' Dechreuodd chwerthin yn uchel eto cyn ychwanegu, 'and they were all in their eighties!'

Gwyliodd Elin y pump yn cerdded lawr y ffordd, Alun yn dal i chwerthin ar ei stori ei hun a'r lleill yn methu peidio ag ymuno efo fo. Dyna unrhyw siawns o gadw'r briodas yn gyfrinach wedi diflannu, meddyliodd. Yfory, byddai'n tyngu llw i Rhys yn swyddfa gofrestru Wiclo o flaen cwmni bach dethol – dim ond nhw ill dau, eu plant ac Alun a Megan, oedd wedi cyrraedd ar y fferi y bore hwnnw. Doedd Elin ddim isio ffýs, felly dod yn ôl i An Teach Ban am dêc-awê oedd y cynllun, a'r bwriad oedd cadw'r peth yn ddistaw nes y byddai popeth drosodd. Clywodd lais Beca yn galw o'r tŷ.

'Mam! Lle wyt ti?'

'Fama!' atebodd.

Daeth Beca allan ati. 'Ydi siop Breda yn dal yn 'gorad?' gofynnodd.

'Ydi dwi'n meddwl. Tydi hi ddim yn cau tan yn hwyr ar nos Wener.'

''Dan ni 'di rhedeg allan o lefrith. Fedri di bicio i nôl peth yn y car, plis?' gofynnodd Beca.

Cododd Elin a chychwyn tuag at y tŷ. 'Ti'n siŵr? Mi oedd 'na ddigon yna gynna.'

Safodd Beca o'i blaen i'w rhwystro rhag mynd i'r tŷ.

'Ydw, dwi'n siŵr. Dyma oriadau dy gar di,' meddai, gan eu gollwng yn llaw ei mam. Edrychodd Elin yn amheus arni, ond penderfynodd ufuddhau i'w chais ac i ffwrdd â hi, gan geisio dyfalu beth oedd yn cael ei gynllunio y tu ôl i'w chefn. Doedd hi ddim yn or-hoff o syrpreisys.

Roedd Breda wrthi'n pacio papurau newydd pan gyrhaeddodd Elin.

'O, hello Elin! I didn't expect to see you tonight,' meddai.

'Didn't you?' gofynnodd Elin iddi'n ddryslyd.

'Well, no. I thought you'd be busy ... that is ... don't the bunkhouse guests arrive on Friday evenings?' atebodd yn frysiog. 'Now, what can I get you?'

'Just a large carton of milk please.' Wrth iddi ofyn sylweddolodd nad oedd ganddi arian efo hi. 'Oh, hold on,' meddai. 'I've just realised I've forgotten my purse.'

'Oh, no need to worry about that any more,' meddai'r siopwraig, yn gwenu fel giât. 'I'll just put it down on Rees's tab.'

Pan agorodd Elin ddrws cefn An Teach Ban, camodd yn ôl mewn sioc o weld y gegin yn llawn balŵns. Yn hongian o'r to roedd baner yn datgan 'pob lwc i'r hen iâr!' Yn sefyll oddi tani, yn gwenu'n wirion, roedd Beca, Moli a Megan. 'Syrpréis!' galwodd Moli a Beca.

'Syniad Beca oedd y faner!' meddai Megan yn syth.

Chwarddodd Elin. 'Hen iâr, wir!' wfftiodd. Trodd ei sylw at y bwrdd a oedd yn llawn danteithion yn cynnwys sosej rôls, creision a chacennau bach. Yn eistedd ar ben y bwrdd roedd Betty, yn gwenu'n lletchwith.

'I wanted to wish you well for tomorrow,' meddai.

'Thank you,' meddai Elin yn syn.

'Os ydi Yncl Rhys yn cael *stag do* mae'n iawn i chdi gael *hen do*, tydi,' meddai Beca gan estyn am botel o Prosecco oedd ar ganol y bwrdd a thywallt gwydraid i'w mam.

'Be amdanon ni?' meddai deuawd o'r drws, lle safai Dewi a Pádraig yn syllu'n awchus ar y sosej rôls. 'Chawson ni ddim mynd efo Dad,' ategodd Dewi fel petai wedi cael cam mawr.

'Gewch chitha fod yn ieir hefyd 'ta!' meddai Moli'n drugarog. 'Jest am heno!'

Dechreuodd y ddau wneud sŵn clwcian wrth gerdded tuag at y bwrdd, gan wthio'u penolau allan a fflapio'u breichiau. Plygodd Pádraig ei ben at y bwrdd a chodi sosej rôl â'i ddannedd.

Rowliodd Moli ei llygaid. 'I feddwl y bydd y ddau yma'n frodyr i mi fory!' ebychodd a gwên ar ei hwyneb.

Y prynhawn canlynol safai Elin y tu allan i'r swyddfa gofrestru yn trio'i gorau i reoli'r don o nerfusrwydd oedd newydd chwalu drosti. Roedd hi wedi cyrraedd yn y car gyda'i thad, Megan a'r genod, ond doedd dim sôn am Rhys a'r bechgyn oedd i fod wedi cyrraedd o'u blaenau.

'Lle mae'r hogia 'ma 'dwch?' meddai Megan yn boenus. 'Mae Rhys i fod yma cyn y briodferch!' Ar y gair, gwelsant bic-yp Rhys yn sgrialu i mewn i'r maes parcio ac yn dod i stop disymwth. Neidiodd Rhys allan ohono gan dynnu ar ei dei, yn amlwg heb arfer gwisgo un. Yn ei ddilyn roedd ei feibion, hwythau'n edrych yn anarferol o daclus a smart yn eu siwtiau. Gwenodd Elin arno, ond diflannodd ei gwên pan welodd ei fod yn wyn fel y galchen, a bod golwg o banig ar ei wyneb.

'Be sy?'

'Sori! Sori!' atebodd. 'Ro'n i i fod yma o dy flaen di, ond fedra i ddim ffeindio'r fodrwy!'

'Mae hi gen i, tydi!' meddai Elin, gan agor y gadwyn oedd am ei gwddw a llithro'r fodrwy emrallt a rhuddem oddi arni.

Gollyngodd Rhys ochenaid o ryddhad wrth gymryd y fodrwy a'i rhoi i Liam. 'Gafael yn dynn ynddi hi, wir Dduw.' Trodd yn ôl at Elin. 'Elin, ti'n edrych yn ... ti'n ...' Dechreuodd ei wefus isaf grynu a llanwodd ei lygaid â dagrau cyn iddo allu cwblhau ei frawddeg. Rhoddodd Elin gusan sydyn iddo a gwasgu ei law.

'Wel, dowch 'laen!' meddai Alun o'r tu ôl iddynt. 'Mi fydd 'na ddigon o amser i wneud hynna wedyn!'

'Gei di eu hagor nhw rŵan,' datganodd Beca.

Agorodd Elin ei llygaid a syrthiodd ei cheg yn agored. Roedd hi'n sefyll yn nrws y sied gemau – nid y byddai wedi gallu adnabod y lle petai hi ddim yn gwybod hynny. Roedd y byrddau pŵl, tennis bwrdd a phêl-droed wedi diflannu a byrddau tresl wedi eu gosod yn eu lle, a'r rheiny wedi eu gorchuddio â llieiniau gwynion a jygiau mawr o flodau. Ar draws y wal bellaf roedd bwrdd hir ac arno fwydydd oer o bob math a chacen fawr yn y canol. Ond y sioc fwyaf oedd y bobol – pob un ohonynt ar eu traed yn gweiddi 'hwrê!'.

Gwelodd Alun, Megan a Betty, Rory a Kevin a Sinead; roedd Tony a'u cyfeillion o O' Reilleys o gwmpas un bwrdd a Declan a'i deulu o gwmpas un arall. Eisteddai Moli, Liam a'r efeilliaid o amgylch y bwrdd pellaf. Trodd Elin at ei gŵr oedd yn sefyll wrth ei hochr.

'Oeddat ti'n gwbod am hyn?'

'Wel, mi roedd gen i syniad bod 'na rwbath yn mynd ymlaen,' atebodd gyda gwên.

'Doeddat ti ddim o ddifri yn meddwl y bysach chi'n medru

jest sleifio i briodi heb gael parti, nag oeddach?' gofynnodd Beca.

'Ty'd,' meddai Rhys, gan arwain ei wraig gegrwth at y bwrdd pellaf gan ysgwyd llaw a derbyn cusanau o longyfarchiadau ar y ffordd. Diolchodd Elin fod Beca wedi ei pherswadio i gael gwneud ei gwallt yn broffesiynol y bore hwnnw ac i brynu'r ffrog sidan binc ysgafn roedd hi'n ei gwisgo. Estynnodd Rhys gadair iddi eistedd arni, a chyn gynted ag y gwnaeth hynny daeth Dewi a Pádraig atynt.

'Gawn ni fynd i nôl bwyd rŵan?'

Roedd y bwyd yn fendigedig, er bod Elin wedi cyffroi gormod i fwyta llawer, ond doedd y syrpreisys ddim ar ben. Wedi iddyn nhw dorri'r gacen safodd Alun ar ei draed a chnocio ochr ei wydr cfo llwy.

'Os ga i'ch sylw chi, gyfeillion, os gwelwch chi'n dda!'

Daliodd Elin ei gwynt. 'O diar,' sibrydodd yng nghlust Rhys. 'Duw a ŵyr be ddeudith o, na pha mor hir fydd yr araith!'

Arhosodd Alun i bawb ddistewi cyn dechrau siarad.

'As Henry the Eighth said to his wife, I won't keep you very long!' Chwarddodd ei gynulleidfa a gwingodd Elin. 'Mi allwn i ddeud llawer o hanesion wrthoch chi am y ddau yma,' meddai gan bwyntio at y pâr priod. 'I've known these two all their lives, so as you can imagine there's a lot of stories I can tell you about them. Ond peidiwch â poeni, chi'ch dau – I won't tell them about how Elin used to pester Rhys Drws Nesa, wanting him to play Dollies' Tea Party with her when she was seven and he was eleven, and I definitely won't tell you that he did!' Chwarddodd yr efeilliaid ac amneidio at eu tad. 'Nor will I tell you how he brought her home from town drunk when she was seventeen and walked her around and around the block until she sobered up!'

'Mam!' ebychodd Beca.

Edrychodd Elin ar Rhys – wyddai hi ddim fod ei thad yn gwybod am y noson honno.

'But I will tell you this. Mae'r ddau yma wedi cadw cefnau'i gilydd erioed. These two have always looked out for each other. Yn ffrindiau gorau. A true example of the old saying, "true love is friendship set on fire", and as we see two families come together today we also see two countries joining. I've always liked Ireland and the Irish, and if Elin had to leave Wales then I'm glad that it's here that she came. Thank you, my Irish friends, for welcoming her and the girls so warmly – and there will always be a welcome for you in the hillside of Wales, known as Rhosyreithin!' Gwenodd Betty yn hawddgar, fel petai hi wedi bod y mwyaf croesawgar ohonynt oll, ond edrychodd Sinead i lawr ar ei phlât. 'I, too, was lucky enough to have married my best friend,' meddai Alun, ei lais yn cracio dan emosiwn. 'And she would have been overjoyed to see how happy these two are today and to know that Elin and the girls are in such safe hands. And now, can I ask you all to be upstanding, please.' Safodd pawb a gafael yn eu gwydrau. Cododd Alun ei wydr a'i ddal i fyny. 'Boed i heulwen a chwerthin lenwi eich cartref a'ch calonnau, and may the road rise to meet you! To Rhys and Elin!'

'To Rhys and Elin!' adleisiodd y dorf tra oedd Elin yn sychu deigryn o'i llygad.

Un fer iawn oedd araith Rhys. Ceisiodd ei orau glas i ddweud ychydig eiriau, ond methodd ymhelaethu ar 'diolch i bawb, yn enwedig Elin,' gan fod dagrau wedi ei drechu. Wedi iddo eistedd i lawr i gymeradwyaeth gynnes a chusan gan ei wraig, gwaeddodd Beca ar Elin i siarad.

'Chdi rŵan, Mam!'

Gwrthod yn bendant wnaeth Elin, heblaw dweud 'diolch' a 'thank you' heb godi o'i chadair.

'Ni rŵan 'ta, ia?' gofynnodd Pádraig, gan sefyll ar ei draed.

Rhythodd Rhys ac Elin arno. Doedd o erioed am wneud araith? Cododd Dewi hefyd ac estyn o dan y bwrdd am ei ffidil. Gwnaeth Pádraig yr un peth. Cerddodd y ddau i'r blaen, gyda Liam yn eu dilyn, yntau'n cario ei bodhran, a Moli â'i chwistl dun. Safodd Beca yn eu mysg. Syrthiodd distawrwydd disgwylgar dros yr ystafell a dechreuodd Elin deimlo'n nerfus eto.

Dechreuodd y bechgyn chwarae nodau agoriadol y gân serch 'Tra Bo Dau', ac ymunodd y gweddill â nhw. Pan glywodd Elin lais pur Beca yn atseinio drwy'r adeilad carreg gafaelodd yn llaw Rhys. Edrychodd ar y fodrwy ar drydydd bys ei llaw chwith drwy len o ddagrau, y garreg goch yn cael ei dal yn dynn wrth y garreg werdd, ac yna ar ei theulu a'i chyfeillion newydd oedd erbyn hyn wedi codi o'u seddi ac wedi plethu drwy'i gilydd. Teimlodd blanced gynnes o hapusrwydd yn setlo amdani.